Claves del
Contentamiento

Prólogo por Jane Hansen

Sharon A.
Steele

CARIBE

Betania es un sello de Editorial Caribe, Inc.

© 2002 Editorial Caribe, Inc.
Una división de Thomas Nelson, Inc.
Nashville, TN—Miami, FL, EE.UU.
www.caribebetania.com

Título en inglés: *Keys to Contentment*
© 1998 Sharon Steele
Publicado por Regal Books,
una división de Gospel Light Publications,
Ventura, CA 93003, EE.UU.

A menos que se señale lo contrario, todas las citas bíblicas
son tomadas de la Versión Reina-Valera 1960
© 1960 Sociedades Bíblicas Unidas en América Latina.
Usadas con permiso.

Traductora: Carolina Galán Caballero

ISBN: 0-89922-591-8

Impreso en EE.UU.
Printed in U.S.A.

2ª Impresión

CONTENIDO

PREFACIO

Cuando el apóstol Pablo derramó su corazón en sus cartas a las jóvenes iglesias de Asia, estaba respondiendo a su llamado apostólico de pastorear a esos rebaños frágiles. Necesitaban ánimo en su nueva vida en Cristo. Necesitaban doctrina sólida. Necesitaban oír la verdad de alguien que tuviera una relación íntima con Dios y con ellos.

¿Sabía Pablo, mientras escribía, que estas cartas sencillas formarían el grueso del Nuevo Testamento? Podemos estar seguros de que el Espíritu Santo sí lo sabía. Es muy de Dios desear usar la relación de Pablo con esas iglesias para cimentar su plan y propósito en sus vidas y, muchas generaciones después, en la nuestra.

En Aglow nos identificamos con el deseo de Pablo de unir en la fe a esas iglesias jóvenes. Después de 1967, cuando las confraternidades de Aglow comenzaron a multiplicarse por los Estados Unidos y por otros países, necesitaban ánimo. Necesitaban saber la plenitud de quiénes eran en Cristo. Necesitaban relacionarse. Como Pablo, nuestro deseo de alcanzar y alimentar desde la distancia dio como resultado una serie de estudios bíblicos que han nutrido a miles desde 1973, cuando se publicó nuestro primer estudio, *Génesis*. Nuestros estudios instruyen de forma íntima, dándole al creyente nuevas perspectivas de sí mismo y de su relación con y en Dios.

El Espíritu generoso de Dios nos ha dado permitido, recientemente, tener una relación remunerativa con Gospel Light Publications. Juntos, estamos publicando los clásicos de Aglow, así como una selección de estudios bíblicos nuevos e interesantes. Gospel Light comenzó como un ministerio editorial, de forma muy similar a como Aglow comenzó a publicar sus estudios bíblicos. Henrietta Mears, una de sus fundadoras visionarias, constituyó Gospel Light como respuesta a las peticiones de iglesias de toda América del material para Escuela Dominical que ella había escrito para la Primera Iglesia Presbiteriana en Hollywood, California. Gospel Light se mantiene como un firme testigo del evangelio en todo el mundo y con una mente centrada en el ministerio.

El deseo de nuestro corazón es que estos estudios continúen encendiendo las mentes de hombres y mujeres, que toquen su corazón y renueven su espíritu con la luz y la vida que el amoroso Salvador provee en abundancia.

Este estudio, *Claves del contentamiento*, de Sharon Steele, encierra la sabiduría de Dios para mantener un corazón satisfecho, cualquiera que sea su circunstancia. Estoy segura de que su contenido le enriquecerá.

Jane Hansen
Presidenta internacional
de Aglow International

INTRUDUCCIÓN

Jesús dijo: «Yo he venido para que tengan vida, y para que la tengan en abundancia» (Juan 10.10). Pero, hoy día, personas en todas las condiciones sociales están insatisfechas, viven en angustia, con poca o ninguna paz interior, sin contentamiento. Incluso, muchos cristianos viven ajenos a la vida rica, plena y satisfactoria que Jesús dijo que podíamos tener. Aunque desean una vida de paz y contentamiento, aún no han encontrado la forma de lograrlo.

Pablo, el autor de la carta a los Filipenses, escribió: «He aprendido a contentarme, cualquiera que sea mi situación» (Filipenses 4.11). Al escribir estas palabras, el apóstol estaba en la cárcel por causa del evangelio, enfrentándose a un futuro incierto. Estaba consciente de que podría morir en cualquier momento. En otras ocasiones, Pablo había sufrido hambres, necesidades y circunstancias desesperadas, pero había aprendido a contentarse. ¿Cuál era el secreto de su contentamiento en cualquier situación?

Al estudiar Filipenses, veremos características en la vida de Pablo y principios en sus enseñanzas que lo llevaron a tener esa vida plena, rica y contenta.

Le animaré a poner estos principios en práctica en su vida para que vea lo que Dios hará. Malaquías 3.10 nos insta a probar a Dios con nuestras ofrendas y a verlo abrir «las ventanas de los cielos» y derramar sobre nosotros «bendición hasta que sobreabunde». Creo que también podemos probar a Dios con los principios que aprendamos en este estudio. Al aprenderlos y aplicarlos, podemos contar con que Dios derramará bendición sobre nosotros, respondiendo a todas nuestras necesidades. Encontraremos contentamiento en Cristo. Experimentaremos la vida abundante que Jesús vino a dar.

Panorama del estudio

Este estudio bíblico está dividido en cuatro secciones:

- **Una mirada de cerca al problema** define el problema y el objetivo del estudio.
- **Una mirada de cerca a la verdad de Dios** le introduce en la Palabra de Dios. ¿Qué tiene que decir Dios sobre este problema? ¿Cómo puede usted comenzar a aplicar la Palabra de Dios según avanza en cada lección?
- **Una mirada de cerca a mi propio corazón** le ayudará a conocer y, luego, aplicar la verdad. También le guiará mientras trabaja rumbo al cambio.
- **Pasos de acción que puedo dar hoy** está diseñado para ayudarle a concentrarse en pasos de acción inmediatos.

Usted necesitará

- Una Biblia
- Un cuaderno de notas: Algunas preguntas requieren más espacio del que provee el libro de estudio. Quizás quiera, también, anotar otros pensamientos o sentimientos que surjan a medida que estudia la lección.
- Tiempo para meditar en lo que está aprendiendo. En estas lecciones, usted va a trabajar mucho con la Biblia. Darle tiempo al Espíritu Santo para que personalice sus palabras en el corazón de usted le ayudará a experimentar la abundancia de contentamiento y gozo que solamente puede venir de Él.

CÓMO COMENZAR Y DIRIGIR UN GRUPO PEQUEÑO

Una clave para comenzar y dirigir un grupo pequeño es preguntarse: ¿Qué haría Jesús y cómo lo haría? Jesús comenzó su ministerio terrenal con un grupo pequeño de discípulos. Su presencia convertía en un lugar seguro cualquier sitio donde Él estaba. Piense en un grupo pequeño como en un lugar seguro. Es un lugar que refleja el corazón de Dios, las manos de Dios. La forma en que Jesús vivió y trabajó con sus discípulos es un modelo básico de grupo pequeño, del cual podemos extraer tanto dirección como nutrición.

Pablo nos exhorta a andar «en amor, como también Cristo nos amó, y se entregó a sí mismo por nosotros» (Efesios 5.2). Nosotros, como su reflejo terrenal, tenemos el privilegio de seguir sus pasos, de sanar a los quebrantados de corazón como Él hizo o, simplemente, escuchar con un corazón compasivo. Tanto si usted usa este libro como estudio bíblico o como punto de referencia para un grupo de apoyo, o una célula de la iglesia o de su hogar, andar en amor significa sobrellevar «los unos las cargas de los otros» (Gálatas 6.2). No hay nada que nos alimente, sostenga y aliente más que el ambiente amoroso que provee un grupo pequeño.

Jesús anduvo en amor y habló con un corazón sincero. En su infinita compasión, Él nunca comprometió la verdad. Por el contrario, la llenó de misericordia. Los que hablaron con Él se sintieron mejor consigo mismos porque Jesús utilizaba la verdad para dirigirlos en la dirección correcta para sus vidas. Cuando habló sobre la mujer pecadora que le lavó los pies con sus lágrimas y los secó con su cabello, Él no negó su pecado. Él dijo: «sus muchos pecados le son perdonados, porque amó mucho» (Lucas 7.47). Eso es verdad sin condenación.

Jesús fue un modelo de liderazgo de siervo. «El que quiera hacerse grande entre vosotros será vuestro servidor, y el que de vosotros quiera ser el primero, será siervo de todos» (Marcos 10.43, 44). Una de las habilidades importantes que posee un líder de grupo es animar a los miembros del grupo a crecer espiritualmente. Mantenerse en contacto personal con cada uno de los miembros del grupo, sobre todo si alguno está ausente, le hace ver a cada persona que es importante para el grupo. Otras habilidades que un líder de grupo eficaz desarrollará son: saber escuchar, guiar la discusión y guiar al grupo a tratar con cualquier conflicto que se presente.

Aunque usted tenga experiencia o sea totalmente novato en el liderazgo de grupos pequeños, cada grupo que usted dirija será distinto en personalidad y dinámica. La presencia de Jesucristo es la que se mantiene, y, cuando Él es el centro del grupo, todo concuerda.

¡ESTÁ INVITADO!

A crecer...
> *A desarrollarse y a alcanzar madurez; prosperar; levantarse;*

con un grupo
> *Un conjunto de personas reunidas o localizadas juntas; un grupo de individuos que se reúnen porque tienen cosas en común;*

Para explorar...
> *Para investigar de forma sistemática; examinar; buscar con el propósito de descubrir*

temas nuevos
> *Asuntos para discutir o conversar.*

_____

Nos reunimos
Fecha _____ Hora _____

En
Lugar _____

_____

Persona de contacto_____

Teléfono _____

Uno

CONFÍE EN JESÚS

No hay otra epístola que cante con más gozo que la carta de Pablo a los filipenses. Sin embargo, Pablo la escribió cerca del fin de su vida cuando estaba en la cárcel.

La carta grita con gozo triunfante: «Vengan, compartan mi alegría al igual que han compartido mis penas», nos invita Pablo. El hecho de que Jesús lo amara y diera su vida por él es el punto principal de esta carta.

¿Cuál era el secreto de Pablo? ¿Cómo podía confiar en Jesús cuando todo parecía estar en contra suya? ¿Cómo halló contentamiento en una situación tan negativa? Este capítulo enfocará nuestra mente y nuestro corazón hacia Dios. Mientras tanto, veremos la confianza total que Pablo tenía en Jesús. Solamente cuando experimentemos este tipo de confianza, encontraremos el secreto del verdadero contentamiento.

Una mirada de cerca al problema

LA VIDA ES DURA

Aunque quizás no estemos en la cárcel, todos enfrentamos situaciones difíciles. Vivimos en un mundo pecaminoso, y la vida es, a menudo, dura. No solamente eso, sino que parece que a otras personas todo le resulta más fácil que a nosotros. ¿Cómo podemos estar seguros de que Dios realmente es por nosotros? ¿Cómo podemos encontrar verdadero contentamiento y gozo?

Este estudio le ayudará a descubrir cómo la confianza en Jesús lo hará libre para el gozo. Comencemos el estudio de Filipenses con una mirada a la historia de los comienzos de la iglesia.

Una mirada de cerca a la verdad de Dios

El libro de Filipenses fue una carta a los creyentes de Filipos, escrita por Pablo desde su celda en la cárcel, muy probablemente en Roma. Pablo había sido una pieza clave en la fundación de la iglesia de Filipos durante su segundo viaje misionero. El comienzo de esta iglesia es la historia emocionante de cómo Dios puede dirigir y utilizar a un siervo dispuesto.

1. Lea Hechos 16.6-10. ¿Por qué Pablo y sus compañeros no predicaron en Asia o en Bitinia?

¿Qué le pasó a Pablo en Troas?

¿Qué decidió hacer Pablo y por qué?

¿Cuánto tiempo le tomó a Pablo hacer esa decisión?

Pablo tenía una relación íntima con Dios. No solamente escuchó lo que le dijo el Espíritu Santo, sino que, después de recibir dirección, actuó inmediatamente y en completa fe.

¿Cuáles son algunas de las formas en que el Espíritu Santo dirige a las personas hoy día?

Comparta algún momento específico en que usted haya sido guiado por el Espíritu Santo.

2. Lea Hechos 16.11-15. ¿En qué ciudad de Macedonia se detuvieron?

¿Adónde fueron en el día de reposo? ¿Por qué?

¿A quiénes encontraron allí?

¿Cuál fue la respuesta de Lidia al mensaje que se escuchó?

¿Qué sucedió como resultado de su respuesta?

¡Que ejemplo maravilloso del trabajo del Espíritu Santo! Pablo y sus compañeros fueron guiados por el Espíritu Santo a Filipos, y, mientras compartían, el Señor abrió el corazón de las mujeres que escucharon. Cuando los cristianos responden a la guía del Espíritu Santo al compartir el mensaje de Jesús, Dios abre el corazón de los que escuchen.

3. Lea Hechos 16.16-24. ¿Adónde iban Pablo y sus compañeros (v. 16)?

¿Quién les salió al encuentro?

¿Qué decía ella sobre Pablo y sus compañeros?

¿Cuánto tiempo continuó diciendo eso?

¿Qué hizo Pablo como resultado?

¿Por qué cree usted que Pablo expulsó ese demonio?

¿Por cuál poder lo expulsó Pablo?

¿Por qué los amos de ella se enojaron tanto?

¿Qué les sucedió a Pablo y a Silas como consecuencia?

Aunque Pablo y Silas tenían el llamado a predicar en Filipos, Satanás atacó. Satanás ataca con frecuencia a los cristianos que están obedeciendo el llamado de Dios. A veces él ataca con pequeñas molestias; otras veces, con pruebas y tentaciones grandes.

¿Cuáles son algunas de las maneras en que Satanás ataca a los cristianos hoy día?

4. Pablo tenía poder sobre Satanás porque él tenía el poder de Jesucristo disponible para él. Lea 1 Juan 4.4. ¿Qué se promete en este versículo?

¿Qué clave para vencer a Satanás se encuentra en Santiago 4.7?

Nosotros también tenemos el poder de Jesús disponible para nosotros. Cuando luchamos contra Satanás en el nombre de Jesús y en su poder, podemos vencer. Si le resistimos, él huirá.

Comparta una experiencia en la que usted haya ganado la victoria sobre el ataque de Satanás.

5. Lea Hechos 16.25-34. ¿Qué estaban haciendo Pablo y Silas cerca de la media noche?

¿Quién los estaba escuchando?

¿Por qué cree que Pablo y Silas podían orar y cantar después de haber sido golpeados y echados en la cárcel?

¿Qué milagro de Dios se manifestó (v. 26)?

¿Por qué sabemos que fue un milagro de Dios y no un terremoto cualquiera?

¿Por qué el carcelero decidió quitarse la vida?

¿Qué preguntó después de ver que todos los presos estaban a salvo?

¿Qué cree usted que lo llevó a preguntar eso?

¿Cómo respondieron Pablo y Silas a su pregunta?

¿Qué evidencia tenemos de que el carcelero de Filipos se convirtió?

Según el versículo 34 ¿qué emoción experimentó el carcelero como consecuencia de haber creído?

El ingrediente más importante para encontrar el gozo y el contentamiento es que nosotros, al igual que el carcelero de Filipos, creemos en el Señor. Hasta que una persona acepte a Jesucristo como Señor y salvador, no puede experimentar la verdadera paz y el gozo de Dios. Cuando el carcelero confió en Jesús para que lo salvara, experimentó el gozo y el contentamiento que solamente Dios puede dar.

6. Lea Salmos 4.5-8; 16.7-11; 91.14-16; 107.6-9; 144.15. ¿Cómo nuestra relación con Dios afecta nuestra experiencia de gozo y satisfacción en la vida?

Cuando Dios creó al hombre, lo creó para que tuviera compañerismo con Él. Aunque no siempre lo reconozcamos, fuimos creados con un deseo natural, un anhelo por Dios. Hasta que experimentemos esa relación personal con Él, no conoceremos la plenitud de gozo y paz.

7. Lea la historia del joven que vino a Jesús en Lucas 18.18-23. Aunque este joven ya vivía una vida moral y tenía riquezas, vino a Jesús porque tenía una necesidad; el hambre en su corazón estaba insatisfecha.

Al verlo, Jesús reconoció que las riquezas de este hombre eran lo más importante en su vida. Se habían convertido en su dios. Cuando el joven rehusó seguir a Jesús, se marchó entristecido.

Es importante darse cuenta que se entristeció porque había tomado la decisión equivocada. Jesús vino para dar vida abundante, pero Él no puede dar esa abundancia y paz a menos que una persona esté dispuesta a hacerlo el Señor de su vida. Cualquier cosa que valoremos más que a Dios se convierte, de hecho, en otro dios en nuestra vida.

¿Cuáles son algunos de los dioses que predominan en la sociedad de hoy?

¿Cuáles son algunos de los dioses en su vida?

Una mirada de cerca a mi propio corazón

Pablo le dijo al carcelero de Filipos que creyera en Jesús, es decir, que confiara en Jesús. El joven que seguía las reglas confiaba en su vida recta y en sus riquezas, y estas no eran suficientes para justificarlo ante Dios. Romanos 6.23 dice que «la paga del pecado es muerte». Si pecáramos solamente una vez en la vida, eso bastaría para separarnos de

Dios. Como el joven rico no estaba libre de pecado, no podía encontrar paz con Dios por medio de sus obras.

Nadie puede justificarse ante Dios por sus obras, pero Dios ha provisto un remedio para nuestro pecado. Envió a Jesús, que no tenía pecado, a morir en la cruz y pagar el castigo por nuestro pecado. Él carga nuestro pecado y nos da su justicia (lea 2 Corintios 5.21). Nuestra parte es confiar que Jesús perdone nuestros pecados y recibirlo mediante una invitación personal.

8. Lea los siguientes pasajes de las Escrituras y conteste las preguntas.

Juan 14.6: ¿Cuál es el *único* camino por el cual puede llegar a Dios?

Apocalipsis 3.20: ¿Qué promete Jesús?

Juan 1.12: ¿En qué se convierte usted cuando recibe a Jesús?

Romanos 10.9: ¿Qué se promete en este versículo y qué tiene que hacer para recibirlo?

Pasos de acción que puedo dar hoy

9. Si usted no conoce a Jesús como su Salvador, puede conocerlo hoy

mismo. Recuerde su invitación en Apocalipsis 3.20. Si alguno abre la puerta, «entraré a él». Si usted desea abrirle la puerta de su corazón a Jesús, haga esta oración:

Amado Dios, reconozco que nunca llegaré a tener paz contigo mediante mis esfuerzos. Soy pecador, y, de verdad, estoy arrepentido. Creo que Jesús murió por mí y que su muerte pagó el castigo por mis pecados. Abro la puerta de mi corazón para recibir a Jesús como mi Salvador y Señor personal. Jesús, gracias por venir a mi vida, perdonar mis pecados y salvarme.

Si usted ha hecho esta oración de forma sincera ¿dónde está Jesús ahora (vea Apocalipsis 3.20)?

¿En qué se convirtió usted cuando recibió a Cristo (vea Juan 1.12, 13)?

¿Qué le promete Dios cuando usted cree en Jesús (vea 1 Juan 5.12,13)?

10. Si usted conoce a Jesús como su Salvador, ¿cuán profunda es su confianza? Piense en la historia de Pablo y Silas en Hechos 16.35-40. ¿Cómo compara la confianza de ellos con la suya?

Pablo y Silas estuvieron en la cárcel el tiempo suficiente para que Dios hiciera su obra en la vida del carcelero de Filipos y su familia. Cuando los metieron en la cárcel, Pablo y Silas no se quejaron ni culparon a Dios. En lugar de eso, cantaron y lo alabaron.

Ellos pudieron cantar y alabar porque sabían que Dios estaba en control de cada esfera de sus vidas. Él estaba obrando, y ellos confiaron en que Él haría lo que era mejor para ellos. Como confiaron en Él, podían regocijarse.

11. ¿Hay alguna situación en su vida en la que necesite confiar en Dios, aunque parezca que no hay esperanza? Escriba sobre eso en su diario. Después, agradezca a Dios por eso, alabándolo por estar en control de su vida, y por trabajar en su situación particular, aun cuando usted no pueda verlo.

12. Las palabras de Pablo en Efesios 3.20,21 aumentarán su fe. Copie los versículos en una tarjeta, y colóquela en un lugar donde pueda verla todos los días. Cada día, relacione el versículo con su situación y pídale a Dios que le ayude a confiar más en Él.

Dos

ALABE Y REGOCÍJESE

Un pastor cuenta la historia de un matrimonio que habló con él poco después de la muerte inesperada de su hijo.

Poco después de comenzar nuestro ministerio, una familia se mudó a nuestra ciudad un lunes. El miércoles, a las cuatro de la tarde, su hijo de cuatro años se subió al sofá y se quedó dormido. No era raro, pero, cuando lo llamaron para la cena a las cinco de la tarde, no respondió. El niño había muerto.

Llamaron al médico, y el médico me llamó a mí. Entonces, hablé por primera vez con los padres del niño. ¿Lloraban? Sí. ¿Tenían el corazón roto? Por supuesto. Pero mientras hablaban sucedió algo. Me contaron todo lo que ese hijo había significado para ellos y cuánta alegría le había traído a su hogar. Me contaron historias de su vida. Agradecidos por los años que habían pasado con él, le pidieron a Dios que les ayudara en ese tiempo tan difícil.

Mientras compartía con este matrimonio, no pude evitar pensar: *Mi propio hijo es de la misma edad que el niño que murió. Si hubiera sido mi hijo el que me hubiera sido quitado, ¿habría tenido yo esta actitud de confianza y agradecimiento que ellos expresaron?*

En este capítulo aprenderemos cómo la confianza que tenía Pablo en Jesús le dio un espíritu de agradecimiento hacia Dios y los otros. Por esta confianza, pudo alabar y regocijarse en medio de los problemas. También veremos que alabar y regocijarse son pasos fundamentales que llevan al contentamiento.

Una mirada de cerca al problema

MANDATO A ALABAR

Dios manda que lo alabemos y le demos las gracias en todo tiempo (vea Salmos 34.1; 1 Tesalonicenses 5.8). Si respondemos en obediencia, a pesar que las circunstancias parezcan no tener esperanza, Dios puede usar esas circunstancias desfavorables para traer gloria a su nombre y madurez para nosotros. Eso fue lo que hizo en el matrimonio joven que perdió a su hijo, y, ahora, dondequiera que se cuenta esta historia, hombres y mujeres se maravillan del poder de Dios que trae paz y gozo al enfrentar una de las mayores pérdidas de la vida.

Cuando alabamos a Dios, le demostramos que confiamos en Él aunque no veamos su mano obrando en ese momento. Verbalizar nuestra alabanza en situaciones difíciles libera el miedo y el enojo en nuestro interior, y le permite a Dios sacar algo bueno de ello (vea Romanos 8.28).

1. Sin embargo, hay tantas veces que, en vez de alabar a Dios y gozarnos en Él, nos quejamos y murmuramos. Lea Salmos 106.13-15, 24-27. ¿Qué les sucedió a los israelitas cuando murmuraron en vez de regocijarse?

Dios cuidaba de los israelitas, pero ellos se quejaron y murmuraron. Al final, Dios les dio lo que pidieron, pero sufrieron físicamente y, espiritualmente, se apartaron de Dios. Cuando nos quejamos por las cosas que Dios permite que sucedan en nuestra vida, nos afectará físicamente, y comenzaremos a debilitarnos espiritualmente. Por el contrario, cuando nos regocijamos, comenzamos a crecer fuertes en el Espíritu y le damos libertad a Dios para que tome nuestras situaciones difíciles y las convierta en algo bello.

Él lo hizo con el matrimonio joven que perdió a su hijo pequeño. Lo hizo con Pablo cuando estaba en la cárcel. Él puede hacer lo mismo con usted en cualquier situación que esté enfrentando.

Una mirada de cerca a la verdad de Dios

2. Lea Filipenses 1.1. ¿Cómo se describe Pablo a sí mismo y a Timoteo?

La palabra griega traducida como «siervo» también podría traducirse como «esclavo».

¿Qué imagen le viene a la mente al pensar en un siervo o en un esclavo? ¿A quién le pertenece un esclavo? ¿Qué hace un esclavo?

3. Lea 1 Pedro 1.18,19. Según Pedro, ¿con *qué* fueron comprados los creyentes, incluyendo a Pablo?

Es importante reconocer que, como Pablo confiaba en Jesús, voluntariamente se entregó a Dios. Cuando Jesús murió en la cruz, Él pagó el precio por la salvación de Pablo, pero Pablo también tomó una decisión. Habría podido decidirse por continuar siendo esclavo del pecado, con la muerte como resultado final. O podía haber elegido, como hizo, pertenecer a Cristo, recibiendo su vida eterna y abundante y, voluntariamente, convertirse en su esclavo.

4. Lea Filipenses 1.3-8. ¿Con qué frecuencia le agradecía Pablo a Dios por los filipenses?

¿De qué estaba llena la oración de Pablo?

Haga una lista de algunas de las razones por las que Pablo podía orar por los filipenses con gozo y agradecimiento.

5. Lea 2 Corintios 8.1-5. En este capítulo, mientras Pablo le escribía a la iglesia de Corintios, le hablaba acerca de las iglesias de Macedonia. Recuerde que Filipos era la ciudad más importante de Macedonia, y usted puede deducir, por los comentarios de Pablo a los corintios, por qué él sentía un profundo amor y agradecimiento hacia los filipenses.

¿Cómo se describen las circunstancias físicas de las iglesias de Macedonia (vea v. 2)?

¿Qué hicieron a pesar del gran problema que estaban enfrentando?

¿Cómo veían este acto de ofrendar (v. 4)?

¿Qué experimentaron en medio de su aflicción y profunda pobreza (vea v. 2)?

¿Cuánto dieron (vea v. 3)?

¿Cómo se relaciona esa ofrenda, dada con sacrificio, a la abundancia de su gozo?

¿Cómo su ofrenda reflejaba su confianza en Jesús?

6. Lea Romanos 15.26,27. ¿Qué actitud tenían al ofrendar, como se describe en estos versículos?

¿Por qué se sentían en deuda con los judíos creyentes?

Una gran persecución hacia los cristianos se levantó en Jerusalén durante esa época. Esto, unido al hambre, les hizo la vida muy difícil a los creyentes de Jerusalén. Los cristianos de Filipos estaban tan agradecidos con los judíos por haberles predicado el evangelio de Cristo que quisieron compartir con ellos sus bienes materiales. Su profunda gratitud y su gozo en el Señor dieron como resultado una ofrenda generosa, por encima de sus posibilidades. Además de ayudar a los creyentes de Jerusalén, dieron generosamente para apoyar a Pablo en su ministerio (vea 2 Corintios 11.9). Una de las principales razones de Pablo al escribir la carta a los filipenses fue expresarles su profunda gratitud.

¿Qué siente usted hacia la persona o personas que compartieron el evangelio con usted?

¿Cree usted que le (les) debe algo?

7. Lea Filipenses 4.10-19. ¿Cuál era la razón de Pablo para regocijarse (vea v. 10)?

¿Por qué no habían enviado ayuda antes?

¿Qué había aprendido Pablo (vea vv. 11-13)?

¿Cuánto cree usted que Pablo habría aprendido si se hubiese quejado y hubiera murmurado en lugar de regocijarse?

¿Qué efecto cree que habrían tenido en su actitud y en su ministerio las quejas y las murmuraciones?

¿Cómo se sintió Pablo acerca de la ayuda que los filipenses le acababan de enviar?

¿Qué dijo Pablo que sería el resultado de la ofrenda (vea v. 17)?

¿Cómo dijo Pablo que Dios vería esa ofrenda (vea v. 18)?

¿Qué promesa le hizo Pablo a ellos (vea v. 19)?

¿En qué forma cree usted que la promesa del versículo 19 se relaciona al hecho de que los filipenses se entregaron al Señor primero?

¿En qué forma la promesa se relaciona a la generosidad de los filipenses de dar más allá de sus posibilidades (vea Mateo 6.33)?

8. Lea Filipenses 2.14-16. ¿Cuál fue el mandato de Pablo a los filipenses (vea v. 14)?

¿Cuáles son las razones (vv. 15,16)?

¿Qué efecto tienen en nuestro testimonio las disputas y murmuraciones?

¿Qué efecto tiene regocijarse?

Quejarse, murmurar y disputar se pueden comparar al hecho de cubrir de barro un faro. La luz aún está ahí, pero está tan cubierta de barro que no sirve de nada. Un cristiano que se queja y murmura hará que la gente se aleje de Jesús. Por el contrario, un cristiano gozoso y alegre atraerá la gente hacia Jesús como un imán potente.

¿Qué dice Proverbios 16.24 sobre las palabras suaves?

¿Qué enseña Proverbios 18.21 sobre el poder de la lengua?

9. Lea Filipenses 2.17,18. ¿A qué circunstancias hace referencia Pablo que podrían haberle dificultado el gozo?

¿Qué decidió hacer de todas formas?

¿Qué les instó a hacer Pablo a los filipenses?

Pablo sabía que le podían quitar la vida en cualquier momento. Aun así, había decidido regocijarse y animó a los filipenses a que se regocijaran con él. En este momento de la vida de Pablo, las circunstancias eran muy difíciles, pero, como Pablo confiaba en Jesús, decidió regocijarse. A veces, cuando en realidad sentimos deseos de quejarnos, debemos escoger regocijarnos. Si decidimos regocijarnos y alabar a Dios incluso en medio de circunstancias difíciles, Dios cambiará los sentimientos de frustración por sentimientos de victoria.

10. Lea Filipenses 1.12-20. ¿Qué beneficios de su encarcelamiento nombra Pablo?

¿Qué dos motivos dio Pablo para la gente que predica el evangelio?

¿Cómo se sentía Pablo al ver que algunos predicaban por motivos erróneos?

¿Por qué cree usted que Pablo podía tener la actitud que tenía hacia los que predicaban con motivos impuros?

¿Qué otras razones dio para regocijarse (vea vv. 18-20)?

¿Qué confianza tenía Pablo en los filipenses?

¿Cómo cree usted que la confianza de Pablo en Dios y en las oraciones de los filipenses influyó en el hecho de que se regocijara?

¿Cómo influyen las oraciones de otros en la vida de una persona que está pasando por pruebas? Comparta algún ejemplo de esto de su propia vida.

¿Cuál era el mayor deseo de Pablo en la vida (vea v. 20)?

¿Cuál es el mayor deseo de usted en la vida?

Si los deseos de Pablo hubiesen sido erróneos, podría haber caído fácilmente en la desesperación. Sin embargo, confiaba en Jesús, y su meta en la vida era honrar y exaltar siempre a Cristo. Como exaltar a Jesús era su meta, podía regocijarse y alabar a Dios justo donde estaba. Él sabía que Dios estaba trabajando en su vida y que Jesús estaba siendo exaltado. De nuevo, vemos que Pablo eligió regocijarse. El versículo 18 dice: «me gozo, y me gozaré aún».

11. Lea Filipenses 3.1 y 4.4. ¿Qué les anima Pablo a hacer a los filipenses en estos dos versículos?

¿Con qué frecuencia deseaba que se regocijaran?

Una mirada de cerca a mi propio corazón

12. ¿Hay áreas de su vida en las que necesite alabar a Dios aun cuando le duelan? Haga una lista de ellas ahora mismo. En oración, preséntaselas al Señor y tome la decisión de alabar a Dios por la forma en que está trabajando aunque usted no vea su obra. Quizás desee escribir una nota de alabanza al principio de la lista como un recordatorio visual de alabanza y regocijo.

13. Los Salmos están llenos de alabanza y agradecimiento. Lea el Salmo 33.1-3. ¿Qué dijo el salmista sobre alabar y regocijarse?

Lea el Salmo 50.23. ¿Qué nos enseña este versículo acerca de dar gracias?

Lea Salmos 66.1, 8 y 81.1. ¿Qué se nos manda a hacer en estos salmos?

¿Cuál es el tema principal de estos versículos de los Salmos?

El Salmo 33.3 habla de cantarle al Señor un cántico nuevo. Un cántico nuevo. Un cántico que solamente usted pueda cantar. Usted puede componer su propio cántico escribiendo un salmo de alabanza y gratitud a Dios. Eche un vistazo a la lista que hizo en la pregunta 12; quizás desee incluir algunas de estas cosas en su cántico. Luego, medite en los salmos y escriba. Cantarle al Señor su cántico en voz alta puede ser un regalo de su corazón al corazón de su Padre celestial.

Pasos de acción que puedo dar hoy

Es importante que aprendamos a decir «gracias» y a expresar nuestra gratitud a Dios. También es importante que hagamos lo mismo con la gente. Cuando los filipenses leyeron esta carta, probablemente se volvieron a llenar de gozo y de un deseo aún mayor de ayudar a Pablo y a otros en el futuro. Cuando otras personas bendicen nuestra vida, tenemos que alentarlos expresándoles nuestra gratitud. Eso los fortalecerá y nos alentará a nosotros.

14. Pídale a Dios que le muestre si hay alguna persona a la que usted

tenga que expresarle hoy amor y agradecimiento. Puede que sea la persona o las personas que compartieron el evangelio con usted. Decídase a actuar según le indique Dios. Podría ser con un mensaje, una llamada telefónica. Que su actitud sea de gratitud.

Tres

SUPERE LA PREOCUPACIÓN

En cierto sentido, esta lección es una continuación de la segunda clave. Lo que más deseaba Pablo para los creyentes filipenses era que se regocijaran «en el Señor siempre» (Filipenses 4.4). Pero no podemos experimentar alegría ni regocijarnos plenamente cuando nuestro corazón está cargado de preocupaciones.

¿Por qué? Porque la preocupación tiene el poder de destruir nuestra paz, nuestro contentamiento y nuestro gozo.

¿La preocupación le está impidiendo experimentar todo lo que Dios tiene para usted? En este capítulo, usted verá cómo la confianza que tenía Pablo en el Señor le permitía enfrentar un futuro incierto sin preocuparse. Si usted sigue su ejemplo, también puede aprender el secreto de superar la preocupación.

Una mirada de cerca al problema

¿QUÉ O QUIÉN ESTÁ EN SU CORAZÓN?

Antes de comenzar el estudio de esta semana, pídale a Dios que le muestre áreas específicas en las que la preocupación le esté robando su

contentamiento. Dibuje un corazón en su diario y divídalo en secciones. Escriba en cada sección el nombre de personas o situaciones que
le estén preocupando ahora. Pídale a Dios que le revele a su mente y a
su corazón sus formas de superación a medida que usted trabaja en
esta lección.

1. Probablemente, los cristianos se preocupan más por las personas
   amadas. Deseamos que tengan una buena relación con Dios. Lea
   Filipenses 1.3-6. ¿Cuál era la actitud de Pablo al orar (vea vv.
   3-4)?

   ¿Qué razones dio para su gozo y gratitud?

   ¿Qué cree usted que le hubiese ocurrido al gozo de Pablo si hubiese estado preocupándose por la forma en que Dios estaba trabajando con estas personas?

Pablo amaba a los filipenses, y le habría resultado fácil preocuparse por
ellos. Sin embargo, su confianza no estaba puesta en los filipenses sino
en el gran poder que Dios tenía para trabajar en su vida. Cuando ponemos nuestra confianza en la gente y en su poder de mantenerse firme
en el Señor, tenemos motivos para preocuparnos. Pero, cuando ponemos nuestra confianza en el poder de Dios para trabajar en sus vidas,
su consoladora presencia nos dará paz.

Una mirada de cerca a la verdad de Dios

2. Lea Filipenses 2.13. ¿Qué dice este versículo que Dios está haciendo?

¿Cuáles son algunas formas en las que Dios trabaja en usted para producir tanto el querer como el hacer por su buena voluntad?

Exprese el versículo 13 con sus propias palabras, aplicándolo a usted personalmente. Expréselo con sus propias palabras para aplicarlo a alguien por quien usted se preocupe.

Dios quiere que nosotros y aquellos a quienes amamos crezcamos. Nosotros no siempre reconocemos la mano de Dios en situaciones difíciles, pero tenemos que confiar en que Dios está trabajando para hacer que nuestra vida le agrade. También le preocupan aquellos a quienes amamos y trabaja en sus vidas igualmente.

3. Lea Filipenses 1.19,20. ¿Qué le indica en estos dos versículos que Pablo no estaba preocupado aun cuando se encontraba en la cárcel ante un futuro incierto?

Haga una lista de algunas de las cosas que Pablo esperaba que sucedieran.

¿Por qué esperaba esos resultados?

Pablo expresaba lo que esperaba de Dios. ¿Qué efecto tenía eso en su perspectiva de la vida?

En estos pasajes, Pablo expresó lo que esperaba de Dios. Este proceso de afirmación es importante a la hora de superar la preocupación y otras actitudes dañinas. Cuando nos encontramos preocupados, necesitamos encontrar promesas en la Palabra de Dios; entonces, si estamos cumpliendo los requerimientos, declaremos las promesas en voz alta. Mientras declaramos las promesas de Dios, nuestra fe crece y nuestros temores disminuyen.

4. Lea Filipenses 3.3. ¿En qué dijo Pablo que no pondría su confianza?

¿En qué sí estaba confiando?

¿Qué peligros hay en poner la confianza en la carne?

La carne es la antigua naturaleza que nos llama a hacer las cosas en nuestras fuerzas, a nuestra manera. Pablo se dio cuenta de que ni él ni nadie podría encontrar paz con Dios por sus propias obras. Sabía que tenía que poner su confianza en Dios para crecimiento y salvación en su propia vida así como en la vida de otros.

5. Lea Jeremías 17.5-8. ¿Qué dice Dios de la persona que confía en el hombre y en su propia fuerza?

Cuando confiamos en nosotros mismos, ¿qué indica eso acerca de nuestra relación con Dios?

¿Cómo se describe en el versículo 6 a la persona que confía en sí misma o en la carne?

¿Cómo se relaciona este versículo a la vida espiritual de una persona?

¿Cómo se describe a la persona que confía en el Señor?

¿Con qué se compara a dicha persona?

¿Qué frases del versículo 8 se refieren a una época de problemas o dificultades?

¿Qué se promete durante el tiempo de prueba?

¿Qué condición hay para estas promesas?

Este pasaje muestra claramente que si confiamos en nosotros mismos o en otras personas, el resultado final será una vida infructuosa. Cuando ponemos nuestra confianza en el Señor, el resultado es una vida fructífera y productiva. Aun en tiempos difíciles, no tendremos que tener miedo ni ansiedad. Cada vez que empecemos a temer y a preocuparnos, tenemos que reconocer estas emociones como una señal de que no estamos confiando en Dios. Hemos comenzado a confiar en nosotros mismos o a dudar del poder o del deseo de Dios de trabajar en esta situación.

6. Lea Mateo 6.25-34. En los versículos 25 y 26, Jesús nos dice que no nos preocupemos por nuestra vida, que comeremos, beberemos o vestiremos. ¿Qué rezones dio para que no nos preocupáramos?

Exprese el versículo 26 con sus propias palabras para convertirlo en un mensaje personal de Jesús para usted.

¿Qué logra el preocuparse (vea v. 27)?

Supere la preocupación

¿Por qué dijo Jesús que no debemos preocuparnos por lo que vestiremos?

¿Qué mandato dio Jesús (vea v. 31)?

¿Qué dice Jesús que causa la preocupación (vea v. 30)?

¿Qué razones Él dio para no preocuparnos (vea v. 32)?

Cuando Jesús se refería a los gentiles, Él se refería a los que no creían en Dios. Ellos no conocían de un Padre celestial en quien podían confiar que los cuidaría. Nosotros, sin embargo, tenemos un Padre que sabe exactamente lo que necesitamos.

¿Qué mandato dio Jesús en el versículo 33? ¿Qué promesa?

¿De qué nos dice Jesús que no nos preocupemos (vea v. 34)?

¿Qué razón dio?

¿Qué sucede con el contentamiento de hoy si nos preocupamos por el mañana?

Jesús alentó a sus discípulos a confiar en un Padre celestial amoroso y afectuoso, quien cuida incluso de las aves y la hierba. Los alentó a poner como prioridad número uno el Reino de Dios y su justicia. Cuando Jesús hablaba del Reino de Dios, se refería a ese reino en el que Dios es Rey. Cuando buscamos el Reino de Dios y su justicia, queremos que Dios sea el Rey y Soberano de nuestra vida. Cuando eso se convierte en nuestra prioridad número uno, Dios nos promete ocuparse de todo lo demás. Pablo hizo eso en su vida (vea Filipenses 1.20,21). Como resultado, tenía la seguridad de que Dios cuidaría de él. No vio ninguna razón para preocuparse.

7. Lea Filipenses 2.17,18. ¿Cuál era la actitud de Pablo aun sabiendo que podían quitarle la vida?

8. Lea Filipenses 1.21. Pablo dijo: «Porque para mí el vivir es _____, y el morir es _____».

Pablo podía enfrentarse a esas circunstancias tan difíciles sin preocuparse porque sabía que saldría ganando tanto si moría como si vivía.

9. Lea Filipenses 4.19. ¿Qué dijo Pablo que Dios haría?

Como Pablo no estaba preocupado por lo que traería el mañana, se regocijaba cada día, sabiendo que su fiel Señor estaba en control. Preocuparse por lo que nos depara el futuro no nos hace ningún bien; simplemente, nos roba el gozo del presente. En este pasaje, Pablo expresó su gozo por el día de hoy, aun cuando el mañana amenazaba con ser difícil. También animó a los filipenses a regocijarse con él a pesar de las circunstancias.

10. Lea Filipenses 1.27-30. ¿Qué frases en estos versículos indican que los filipenses también estaban pasando por momentos difíciles?

En estos versículos, ¿cuál dijo Pablo que era su deseo para ellos?

¿Qué actitud desaprobaba Pablo?

¿Cómo aconsejó Pablo a los filipenses que vieran la oposición y el sufrimiento?

En el versículo 29, Pablo dice que a los filipenses se les había dado el privilegio de sufrir por Jesús. ¿Cómo afectaría esa actitud a una persona que se enfrenta a un futuro incierto?

¿Se le ocurre a usted algunas razones por las que una persona que sufre por Cristo pueda ser bendecida?

Normalmente, una persona no sufre por Cristo a menos que tenga una relación personal con Él. La persona con esta relación íntima sentirá alegrías y bendiciones mucho mayores que los que no están totalmente comprometidos con Cristo. La persona que tenga una relación estrecha con Dios no tendrá que preocuparse por el sufrimiento futuro porque confía en que Dios le sostenga y fortalezca a lo largo de ese sufrimento.

11. Lea Filipenses 4.6,7. ¿Cuál fue le mandato de Pablo sobre la preocupación en el versículo 6?

En lugar de preocupación ¿qué actitud debería acompañar las oraciones de los filipenses?

¿Por qué cree usted que Pablo alentó a los filipenses a orar con agradecimiento por cosas que podrían preocuparles?

¿Qué parte debería ocupar el agradecimiento en su vida de oración?

¿Cuál sería el resultado?

¿Cómo se describe la paz de Dios?

Una mirada de cerca a mi propio corazón

En este estudio sobre cómo superar la preocupación, hemos descubierto que la paz es lo contrario de la preocupación. También hemos aprendido el poder de ser agradecidos.

Cuando oramos por nuestros problemas con una actitud de agradecimiento, Dios, de alguna manera, toma esos problemas y comienza a hacer milagros. El primer milagro es su paz. Cuando nos preocupamos, le abrimos una puerta a Satanás para que nos robe el gozo. Si en lugar de eso oramos, Dios cierra esa puerta, y su paz guardará nuestro corazón y nuestra mente en Cristo Jesús (vea Filipenses 4.7). Cuando le agradecemos a Dios por los resultados que no vemos, Dios nos da fe para reclamar sus promesas antes de que se hagan realidad. Confiar en que Dios está trabajando nos da paz en lugar de ansiedad.

12. Lea Isaías 26.3,4. ¿Cuáles son las condiciones para encontrar paz?

¿Qué razón se da para confiar en Dios?

El versículo 3 dice: «Tú [Dios] guardarás en completa paz a aquel cuyo pensamiento en ti persevera». La preocupación es una indicación de que hemos cambiado el foco de nuestra mente hacia los problemas y lejos de Dios, quien resuelve los problemas. Si por un acto de voluntad decidimos enfocarnos en Dios y en su fuerza en lugar de en nuestros problemas, Él nos dará su paz.

Usted puede empezar a hacer eso ahora mismo volviendo al dibujo del corazón que hizo antes. Mírelo; entonces, decida darle a Dios las preocupaciones que anotó en él. Escriba arriba: «Para Dios», y, abajo:

«De (su nombre)». Debajo de su nombre, copie Isaías 26.3,4 y dibuje la silueta de una roca alrededor de todo el corazón.

¿Cómo le hace sentir el saber que le ha entregado, en la mejor forma que supo hacerlo, sus preocupaciones a su Padre Celestial?

Pasos de acción que puedo dar hoy

Aunque Dios nos llama a confiar en Él, hay momentos en que simplemente no sabemos cómo hacer esto una realidad. Queremos confiar, pero, por alguna razón, no podemos. Marcos 9.24 es el relato de otra persona que tenía dificultades para creer y dijo: «Creo; ayuda mi incredulidad».

Dios conoce la lucha por la cual usted está pasando y desea ayudarle. Pídale que le de más fe para creer y confiar en que Él se ocupará de sus problemas. Después de eso, dele las gracias por lo que va a hacer en su vida.

13. Lea Marcos 5.21-24, 35, 36. ¿Qué le dijo Jesús a Jairo (v. 36)?

¿Qué le está diciendo a usted?

14. Jesús no quiere que el miedo nos robe el gozo y la paz que Él vino a dar. Copie Isaías 26.3,4 en una tarjeta. Por detrás, escriba la siguiente oración:

Señor, admito que no sé cómo confiar y sé que la preocupación es un pecado. Tú has prometido que, si confieso mi pecado, me perdonarás y me limpiarás. Ahora mismo, reclamo esa promesa de perdón y purificación y te pido que me llenes de tu fe. Te pido que ayudes mi incredulidad y me enseñes a enfocarme en ti y en tu poder. Gracias, en el nombre de Jesús, por la victoria que me pertenece.

Revise su tarjeta todos los días en esta semana.

La paz sea con usted.

Cuatro

R ENUEVE SU MENTE

Vivimos en un mundo negativo. Los reporteros nos ponen al día de todo lo malo que sucede a nuestro alrededor. Los medios de comunicación nos presentan la buena vida: el cuerpo perfecto, una casa enorme con las últimas maquinarias, unas vacaciones en Hawaii. Nuestra mente nos provoca: «¿Por qué yo no?» Incluso patronos y empleados parecen no encontrar nada agradable que decir el uno del otro; o de sí mismos.

Esta interceptación constante de hechos negativos puede robarnos la paz y destruir nuestro contentamiento. Y eso no es todo. En nuestro interior, todos tenemos una inclinación hacia el lado oscuro. Pablo escribió: «Porque no tenemos lucha contra sangre y carne, sino contra principados, contra potestades, contra los gobernadores de las tinieblas de este siglo» (Efesios 6.12).

Aunque no podamos quitar todas las cosas negativas de nuestra vida, podemos guardarnos de permitirles que nos controlen. Este capítulo nos enseña cómo.

Una mirada de cerca al problema

CAMBIEMOS NUESTROS PATRONES DE PENSAMIENTO

Parte de la razón por la que Pablo estaba contento en todas las circunstancias es que le permitió a Dios transformar su mente. Esto le permitió experimentar paz y contentamiento. Mientras aprendemos a cambiar nuestros patrones de pensamiento, enfocándonos en la bendición de Dios y no en las circunstancias negativas, nosotros también experimentaremos la paz y el contentamiento que Pablo conocía tan bien.

Pablo sabía que la manera en que una persona piensa influye la forma en que esta siente y actúa. Una persona que se concentra en las bendiciones de Dios se regocijará y experimentará la paz de Dios. En cambio, si una persona se recrea en todo lo que sale mal, estará llena de enojo, amargura, miedo, odio y muchas otras emociones negativas. Nadie puede experimentar esas emociones y estar contento. Pablo deseaba que los filipenses compartieran el contentamiento y el gozo que él conocía, así que los alentó a enfocarse en cosas positivas.

1. Lea Filipenses 4.6-9. Haga una lista de las cosas en las que Pablo instó a pensar a los filipenses.

   ¿Qué efecto tendría en las preocupaciones de una persona pensar estas cosas?

   ¿Enojo?

¿Resentimiento?

¿Odio?

¿Cree usted que dejar que su mente se recree en cosas buenas ayudará a traer paz y contentamiento? ¿Por qué sí o por qué no?

Una mirada de cerca a la verdad de Dios

2. Enfocarnos en Jesús renueva nuestra mente y nos da sus perspectivas sobre cómo tratar las cosas negativas; solamente así podemos tener verdadero contentamiento. Lea Filipenses 1.12-18. Según los versículos 12-14, ¿en qué decidió Pablo dejar que su mente se recreara?

¿En qué adversidades podría Pablo haber pensado en cambio?

¿Qué cree que sucedió en la vida de Pablo como consecuencia de su elección de enfoque?

En los versículos 15-18 ¿en qué hecho positivo Pablo eligió pensar?

¿En qué condición negativa podría Pablo haber pensado en cambio?

¿Qué emociones habría experimentado Pablo si se hubiera enfocado en la condición negativa?

¿Qué emociones experimentó como resultado de pensar en lo positivo?

Mucha gente pierde el gozo cuando permite que su mente se recree en alguna cosa dolorosa que otra persona dijo o hizo. El que la herida fuera intencional o accidental no parece importar mucho.

En los versículos 15 al 18, vemos que Pablo sentía que habían personas que predicaban para ponerlo celoso. Si él se hubiera enfocado en esos aspectos negativos, no se podría haber regocijado al ver que el evangelio se extendía. Probablemente, habría sentido enojo o resentimiento, y su gozo en el Señor habría desaparecido. En lugar de eso, eligió enfocarse en el hecho de que el evangelio se estaba predicando y la gente estaba conociendo a Jesús como su Salvador personal. Con su mente recreándose en eso, pudo regocijarse y estar contento.

3. Lea Efesios 4.26-27. ¿Qué nos enseñan estos versículos sobre el enojo?

Relacione Efesios 4.26 al hecho de rehusar recrearse en lo que le cause enojo.

Al establecer un tiempo límite (como la puesta de sol), Pablo se aseguraba de que uno se ocuparía del (o se desharía del) enojo diariamente para que nada de este persistiera incluso hasta el día siguiente.

¿Cuáles son algunas situaciones dolorosas en las que usted elige que su mente se recree?

¿Cómo estas afectan sus relaciones en el hogar?

¿En la iglesia?

¿En el trabajo?

En Hebreos 12.14,15, se nos alienta a buscar la paz, no el enojo. Lo que quieren decir estos versículos es que el resultado de un espíritu rencoroso es la amargura. ¿Cómo perdonar o no perdonar afecta la paz y el contentamiento?

¿Cómo la amargura puede corromper a muchos?

4. Jesús tenía mucho que decir sobre el perdón. Lea los siguientes versículos y responda las preguntas:

Mateo 5.44: ¿Cómo dijo Jesús que debemos tratar a quienes nos maltratan?

Mateo 6.14,15. ¿Por qué el perdón es tan importante en la vida de un cristiano?

Jesús nos mandó orar por los que nos hieren o abusan de nosotros. Cuando obedecemos su mandato, aunque no tengamos deseos, Dios nos dará su gracia para amar y perdonar a esa persona. Sin embargo, tenemos que estar conscientes de que, aunque hayamos elegido perdonar y orar por ella, puede que las emociones de amor no lleguen inmediatamente. Con frecuencia, sanar heridas toma tiempo.

5. Lea Filipenses 1.19-26. Según el versículo 19, ¿en qué eligió Pablo enfocar sus pensamientos?

¿En qué aspectos positivos de la muerte Pablo eligió pensar?

¿En qué aspectos positivos de la vida Pablo eligió enfocarse?

¿Qué efecto cree usted que su enfoque tuvo en su actitud mientras estaba sentado en la cárcel sin saber qué le traería el futuro?

Al afrontar un futuro incierto, Pablo no se enfocó en todo lo que podía salir mal. Él se enfocó en Jesucristo y en la recompensa eterna que sería suya. Muchas veces, cuando miramos hacia el futuro, tendemos a exagerar las cosas que podrían salir mal. Eso se convierte en nuestro foco, y, en vez de paz, experimentamos miedo y frustración. Para encontrar paz y contentamiento, tenemos que aprender a enfocarnos en Jesucristo y en lo bueno que Él puede traer en el futuro en vez de en las cosas malas que podrían suceder.

6. Lea Filipenses 2.5 en diferentes versiones. ¿Qué deseaba Pablo para los filipenses?

¿Qué efecto tendría esto en sus mentes?

¿En sus dudas?

¿En su perdón?

¿En sus temores?

¿En sus enojos?

¿En sus frustraciones?

¿En sus actitudes en general?

Como el deseo de Pablo era que los filipenses tuvieran la misma mente y la misma actitud que Cristo tenía, podemos saber que es la voluntad de Dios para nosotros que también las tengamos. Sin embargo, esto no siempre es fácil.

7. Lea 2 Corintios 10.3-5. ¿Qué clase de batalla se describe en estos versículos?

¿Qué clase de armas se deben usar?

¿Qué esperaba Pablo que sucediera como resultado de esta guerra?

¿De qué clase de fortalezas cree usted que hablaba Pablo en el versículo 4?

¿Cómo se destruyen?

¿Qué se debe hacer con cada pensamiento?

Con frecuencia, tenemos una batalla en nuestra mente que exige la clase de guerra que Pablo describe en estos versículos. Satanás desea construir en nuestra mente fortalezas de enojo, amargura, orgullo, autocompasión y muchas otras emociones negativas. Él sabe que esas emociones mantendrán espiritualmente inútil y emocionalmente descontento al cristiano.

Para tener victoria en Cristo, debemos traer cautivos estos pensamientos a la obediencia de Jesucristo. Él tiene el poder de cambiar esos pensamientos si estamos dispuestos a permitírselo. Cuando experimentemos un pensamiento negativo, debemos traerle ese pensamiento a Él y pedirle que Él lo venza. Mientras le pedimos que sustituya nuestros pensamientos negativos por sus actitudes, ganaremos victoria sobre ellos.

8. Lea Efesios 6.11-18. ¿Por qué es necesario preparar nuestra mente con la verdad de Dios?

¿Con qué nos hemos de vestir?

¿Cómo sugieren estos versículos de Efesios que lo hagamos?

¿Por qué es tan importante la mente en la batalla del cristiano contra Satanás?

¿Cómo cree usted que un cristiano viste su mente con la verdad?

9. Lea Romanos 12.1-3. ¿Qué les instó Pablo a los romanos que hicieran?

¿Qué clase de sacrificio es agradable a Dios?

¿Qué se les manda que no hagan?

¿Qué debían hacer en vez de eso?

¿Cómo dijo Pablo qué serían transformados?

¿Qué pasos cree usted que debe dar un cristiano para renovar la mente?

Exprese el versículo 2 con sus propias palabras. Haga que se aplique a usted personalmente.

10. Lea Efesios 4.17-24. ¿Cómo describe Pablo la mente del incrédulo en los versículos 17-19?

¿Cuál es el resultado de la condición de la mente del incrédulo?

¿Dónde se encuentra la verdad?

¿Qué hemos de hacer antes de vestirnos del nuevo hombre?

¿Cómo se describe ese nuevo hombre?

¿Qué cree usted que Pablo quiso decir con la descripción del nuevo hombre del versículo 24?

¿Cómo se relaciona una mente renovada al nuevo hombre descrito en el versículo 24?

Exprese este versículo con sus propias palabras para que sea más fácil de entender.

Cuando una persona acepta a Cristo como su Salvador, esta experimenta un nuevo nacimiento. Aunque esa persona ahora desea servir al Señor, la vieja naturaleza aún está dentro de ella (vea Marcos 7.21-23). La consecuencia de esto es una dura lucha entre las dos naturalezas: la vieja y la nueva.

Mientras le permitimos a Cristo que renueve nuestra mente, la naturaleza espiritual se fortalece, y nos parecemos cada vez más a Cristo. Sin embargo, si nos vamos a parecer más a Jesús, debemos experimentar una renovación de la mente. Con frecuencia, como cristianos, tenemos acciones pecaminosas en nuestra vida. Cuando tratamos de cambiar esas acciones desesperadamente para traer conformidad con Cristo a nuestra vida, a menudo fallamos y, frustrados, nos rendimos. Romanos 12.2 nos muestra que la manera de ser transformados es por medio de la renovación de nuestra mente. Cuando los pensamientos de Dios se convierten en parte de nuestros pensamientos, nuestras actitudes y emociones serán las correctas. Cuando nuestro pensamiento es acorde con el pensamiento de Dios, nuestras acciones también estarán en armonía con la voluntad de Dios y su propósito para nosotros.

Una mirada de cerca a mi propio corazón

11. En Juan 5.5-9, hay una historia que nos hace pensar. En esta, Jesús le pregunta a un hombre que lleva 38 años paralítico si quiere ser sanado. ¿Por qué cree usted que Jesús le preguntó eso?

¿Por qué querría una persona estar enfermo?

¿Cree usted que el deseo del hombre de ser sano era necesario para que Jesús lo sanara?

¿Qué le mandó Jesús que hiciera?

¿Cómo respondió él?

Antes de que Jesús sanara a este hombre, el hombre tenía que desear integridad. Lo mismo pasa con sus emociones. Usted debe desear el contentamiento, el gozo y la paz de Dios, sino se enfocará en las cosas equivocadas. De primera instancia, usted probablemente diga: «Seguro, yo quiero estar contento», pero, después, usted elige permitir que su mente se recree en cosas que lo hacen infeliz.

Jesús mandó a este hombre que se levantara y caminara. De la misma forma, Jesús nos manda a dejar a un lado la autocompasión y la desesperanza y caminar en la esperanza de Jesucristo. Usted tiene una alternativa. Con sinceridad, debe responder la pregunta de Jesús: «¿Quieres ser sano?»

MEDITE Y PERSONALICE

La única forma de desarrollar una mente como la de Cristo es poner los pensamientos de Cristo en su mente. Los pensamientos de Cristo están en la Palabra de Dios. Mientras usted memoriza versículos, los personalice y los diga en voz alta, los pensamientos y la actitud de Dios influirán en sus pensamientos y actitud. Su vida será transformada. Usted reflejará el poder y el amor de Jesucristo.

12. Lea Salmos 1.1-3 y Josué 1.8. Según estos versículos ¿qué debe hacer usted con la Palabra de Dios?

¿Qué efecto tendrá en sus acciones meditar en la Palabra de Dios?

¿Qué se le promete a usted cuando medita en la Palabra de Dios?

Pasos de acción que puedo dar hoy

13. ¿Hay en su vida alguna debilidad en la que necesita que Dios lo transforme? Anótela aquí.

14. Busque algún versículo de la Biblia que prometa victoria para su debilidad, y, después, memorícelo y medite en esa promesa. Personalícelo.
    Por ejemplo:
    - Si usted tiene una lucha por controlar su lengua, personalice y repita una y otra vez Filipenses 4.13: «Puedo controlar mi lengua por medio de Cristo que me fortalece».
    - Si tiene un problema con el miedo, memorice y personalice 2 Timoteo 1.7: «Porque no me ha dado Dios espíritu de cobardía, sino de poder, de amor y de dominio propio».
    - Si usted lucha con sentimientos de culpa, memorice y persona-

lice 1 Juan 1.9: «Como he confesado mi pecado, Dios es fiel y justo para perdonarme y limpiarme de toda maldad».

15. ¿Hay alguna persona con la que usted pueda contar en relación a esto? ¿Alguien con quien compartir su debilidad y su versículo? Pregúntele a esa persona si puede orar por usted cada día de esta semana.

Cinco

APRÓPIESE DE LA JUSTICIA DE CRISTO

———◆———

Nancy era lo que muchos describirían como una cristiana fogosa. Dirigía un estudio bíblico para mujeres en su comunidad y ayudaba en una organización para personas sin hogar. Siempre que los maestros de sus hijos necesitaban algo, llamaban a Nancy. Era igual en la iglesia. Nancy organizaba actividades sociales y colaboraba en los comités. También pertenecía al equipo de alabanza y sustituía en el departamento de Escuela Dominical.

Pero, en vez de sentir gozo y contentamiento, Nancy se sentía utilizada y enojada. Estaba a punto de renunciar a todo. Pero, si ella no estaba, ¿cómo se harían las cosas? Además, sus amigos siempre le decían que estaba haciendo un excelente trabajo.

¿Cuál es el problema de Nancy?

Una mirada de cerca al problema

¿NUESTRAS OBRAS O LA GRACIA DE DIOS?

Según los patrones religiosos de la época, Pablo había hecho mucho por Dios. Sin embargo, descubriremos en esta lección que él sabía que nunca ganaría la justificación de Cristo por alguna de sus propias obras. El ejemplo de Pablo es un recordatorio constante de que no importa lo impresionantes que sean nuestros logros espirituales; estos no sirven para nada si pensamos que nos pueden justificar. Solamente apropiándonos de la justicia de Cristo es que somos justificados ante Dios.

El verbo «apropiarse» puede ser una palabra difícil de entender para muchos. Sin embargo, de manera sencilla, significa «tomar como propio». Al igual que los que no son cristianos deben saber que no tienen poder para salvarse a sí mismos, los cristianos tenemos que ser conscientes de que, con nuestras propias fuerzas y habilidades, no podemos servir a Dios eficazmente.

En la medida en que dependamos de lo que podemos hacer con nuestras propias fuerzas, no podremos apropiarnos del poder del Dios eterno. Luchamos en nuestra debilidad porque estamos confiando en nuestras obras en vez de en la gracia de Dios. Cuando dependemos de la gracia de Dios, tenemos a nuestra disposición el mismo poder que levantó a Cristo de los muertos. Pero ¿cómo hacemos eso?

1. ¿Cuáles son algunas acciones externas en las que la gente confía para ser justificada ante Dios?

¿Qué peligros hay involucrados en confiar en nuestras buenas obras?

¿Cuáles son algunas de las formas con las que usted ha intentado ganarse el favor de Dios, tanto antes de ser cristiano como después de confiar en Cristo?

Una mirada de cerca a la verdad de Dios

Este estudio en Filipenses 3.2-11 comienza con una advertencia. Falsos maestros habían entrado en la iglesia y estaban enseñando que circuncidarse era necesario para que un hombre se convirtiera en cristiano. La circuncisión se le dio a Abraham como señal de que su descendencia sería un pueblo apartado por Dios como suyo. Generación tras generación, todos los hombres judíos se circuncidaban como símbolo de que le pertenecían a Dios (véase Génesis 17.9-14). Si algún gentil deseaba ser parte de la fe judía, se le requería que se sometiera a la circuncisión. Estos maestros judíos que habían llegado a la iglesia estaban enseñando ahora que, para convertirse en seguidor de Jesús, un hombre tenía que ser circuncidado y seguir las leyes judías.

2. Lea 2 Pedro 2.1 y entonces haga referencia a Filipenses 3.2. ¿Qué palabras utilizó Pablo para describir a alguien que intenta descarriar a una persona con falsas doctrinas?

¿Cómo describe él la verdadera circuncisión?

Jeremías 9.25,26 nos da una perspectiva de lo que Pablo quiso decir con el término «la verdadera circuncisión». En estos versículos, el Señor dijo que castigaría a todo el que estuviera circuncidado (limpio mediante ceremonia), pero aún estuviera incircunciso (impuro de corazón).

Según estos versículos, ¿qué es lo que desea Dios: actos externos de justicia (buenas obras) solamente o actos externos de justicia acompañados de los motivos adecuados y de una relación verdadera con Dios?

3. Lea Filipenses 3.4-6. ¿Cómo describió Pablo sus obras en comparación a las obras de otros?

Haga una lista de todas las ventajas que Pablo tenía al estar a bien con Dios, según la ley judía.

Según la forma de pensar judía, ¿cuál era su condición?

4. Lea Filipenses 3.7-9. ¿Qué palabra utilizó Pablo para describir lo que sentía con respecto a sus obras?

El término griego traducido como «basura» (vea v. 8) se usaba para todo lo que se botaba por no servir para nada. Eso incluía suciedad tal como la de los animales sacrificados, y esta es la forma en la que Pablo había empezado a ver su obras. Cuando confiaba en sí mismo, esas obras le impedían confiar en Dios. De esta manera, ellas eran un estorbo para él. Eran peor que nada porque le impedían reconocer su necesidad de Jesús. Al igual que nosotros debemos botar la basura, también debemos botar toda confianza en nuestras obras como una forma de justificarnos ante Dios.

¿Qué razones dio Pablo en el versículo 7 para estimar estas cosas como «pérdida»?

¿Qué cosas debemos estar dispuestos a tratar como basura para ganar a Cristo?

¿Por qué es esto necesario?

¿Qué ganaba Pablo al considerar todas sus obras como basura y aceptar a Cristo (v.9)?

Escriba una descripción del tipo de justificación que Pablo tenía antes de confiar en Cristo (vea también Isaías 64.6).

DE MUERTE A VIDA

Jesús vino a esta tierra y vivió una vida perfecta. Él no tuvo pecado. Después, dio su vida voluntariamente como el sacrificio perfecto para pagar el castigo por el pecado. Vino a cubrir el espacio entre un Dios santo y el hombre pecador. Nuestros pecados nos han separado de Dios, pero, al aceptar la justicia de Cristo, somos llevados a una relación verdadera con Dios.

Pablo estaba dispuesto a botar todo para ganar a Cristo y su justicia. Estaba dispuesto a botar la dependencia de sus propias obras, su posición, su familia, su fortuna. Renunció a todo para ganar vida eterna y abundante por medio de Cristo Jesús. Como resultado, Jesús tomó el pecado de Pablo y cambió ese pecado por su justicia. A los ojos de Dios, Pablo se convirtió en justicia de Jesús. Dios no veía a Pablo como pecaminoso; Dios miraba a Pablo y, en cambio, veía la justicia de Jesús.

¿Y qué de usted? ¿Qué ve Dios cuando lo mira?

5. Lea Filipenses 3.10,11. ¿Cuáles son los resultados de aceptar la justicia de Cristo?

Pablo dice que uno de los beneficios de aceptar la justicia de Cristo es conocer «el poder de su resurrección» (v. 10). ¿Qué cree usted que Pablo quiso decir con esa frase (Vea también Efesios 1.18-20.)?

¿Por qué es necesario que consideremos nuestras obras como nada para experimentar el poder de Jesús?

6. En Filipenses 3.10, Pablo habla también de participar «en sus padecimientos». ¿De qué cree usted que está hablando Pablo?

En 2 Corintios 12.7-10, Pablo describe una condición difícil que experimentó. La llamó «un aguijón en la carne». Dijo que Dios había permitido eso a pesar que él le había pedido tres veces que se lo quitara.

¿Cómo la reacción de Pablo en el versículo 9 es un ejemplo del poder de Cristo glorificado en la debilidad de Pablo?

¿Por qué cree usted que el poder de Dios se perfecciona en la debilidad?

¿Cómo darnos cuenta que nuestras debilidades influyen en aceptar la gracia de Dios?

¿Cómo es esto un ejemplo de participar en el sufrimiento?

Hay épocas de nuestra vida cristiana en las que pasamos por períodos de sufrimiento y pruebas. Pablo también pasó por estos momentos. Tenemos que darnos cuenta de que, mientras vivamos la vida cristiana, habrán momentos difíciles. Sin embargo, Dios quiere usar esos momentos para fortalecernos y para traer un crecimiento espiritual mayor y una ayuda de provecho en nuestra vida (vea Santiago 1.2-4).

La gracia de Dios es el amor y el favor que Él nos da gratuitamente aunque no hemos hecho nada para merecerla. Cuando los cristianos pasamos por momentos de sufrimiento, podemos reaccionar de dos formas. Podemos rechazar la gracia de Dios y volvernos amargados, o podemos dejar que la gracia de Dios nos consuele y nos haga mejores. Si reconocemos que, incluso en esta situación difícil, Dios va a trabajar para nuestro bien, y entonces, la gracia y el amor de Dios nos consolarán y traerán paz. Él puede usar nuestra debilidad y sufrimiento para acercarnos más a Él y traer gloria a sí mismo.

7. Relea Filipenses 3.10. ¿Qué significa para una persona llegar a ser como Jesús en su muerte?

¿Cuál es el resultado de ser semejante a su muerte?

La epístola de Pablo a los romanos nos ayuda a entender lo que significa ser semejante a su muerte. Lea Romanos 6.1-14. ¿De qué modo debemos ser semejantes a la muerte de Él?

¿Cuáles son los resultados de hacer morir al hombre viejo?

¿En qué formas experimenta un cristiano la resurrección en Jesús?

¿Por qué es necesario experimentar esa resurrección?

Cuando Pablo hablaba de los beneficios que resultan de una justicia basada en la fe en Cristo en lugar de en sus propias obras, uno de esos beneficios era poder ser semejante a Cristo en su muerte. Así como Cristo tuvo que hacer morir sus propios deseos naturales de vivir y exaltarse a sí mismo, también nosotros debemos hacer morir nuestros deseos naturales de pecar y estar en control de nuestra vida. Pero debemos recordar que, hasta que no consideremos nuestra propia justicia como nada y aceptemos la justicia de Cristo, no podremos hacer morir esa vieja naturaleza pecaminosa. A menos que, mediante el poder de Cristo, crucifiquemos la vieja naturaleza pecaminosa, no podremos experimentar la resurrección a una nueva vida en Cristo.

8. Lea Filipenses 1.2. ¿Qué deseaba Pablo para los filipenses?

¿Quién es la fuente de estas bendiciones?

¿Cuál bendición viene primero?

¿Por qué es necesario aceptar la gracia de Dios antes de poder experimentar la paz de Dios?

Una mirada de cerca a mi propio corazón

Al principio de este estudio, observamos la vida de una mujer joven llamada Nancy. Quizás vio un poco de usted mismo en ella: una mujer abrumada, una mujer cansada, una mujer tan ocupada haciendo todo lo que puede hacer que ha perdido su contentamiento y su gozo.

9. ¿Y qué de usted? ¿En que formas se puede identificar con Nancy?

Compare la historia de Nancy con la imagen en palabras de Juan 15.4-8. En esta imagen en palabras, Jesús es la _____ , y nosotros somos los _____.

¿Qué promete Él hacer en el versículo 5?

Ahora, pregúntese a usted mismo: *¿Alguna vez he visto a un árbol o a una vid trabajar para dar fruto?* Por supuesto que no. Un pámpano lleva fruto porque está conectado a la vid. Es solamente de la vid que recibe el poder de producir fruto.

¿Cómo entender este principio cambiaría la vida de Nancy?

¿Cómo puede cambiar la suya?

EN RESUMEN

Cuando un cristiano pretende llevar fruto en sus propias fuerzas, comenzará a enfocarse en sus obras en vez de en el poder de Dios. Entonces, esta persona se enorgullecerá por sus propias buenas obras o se desalentará por su fracaso. De cualquier forma, Dios no puede usar a esa persona de la manera que quisiera.

Si nos diéramos cuenta de que nuestras obras nunca podrán justificarnos ante Dios, podremos apartar nuestros ojos de lo que podemos hacer en nuestras fuerzas y comenzar a confiar en Jesús. Él es el autor y consumador de nuestra fe. Él es el único que puede llevarnos hasta nuestro potencial máximo.

Pasos de acción que puedo dar hoy

Lea las siguientes preguntas. Elija la que mejor describa la oración que necesita hacer en este momento:

- ☐ ¿Hay en su vida algún sufrimiento en el cual tenga que aceptar la gracia y el poder de Dios para que pueda superar la amargura y el enojo? Dígaselo a Dios, luego, abra su corazón para recibir su gracia.

- ☐ ¿Existe alguna debilidad por la que usted tenga que alabar a Dios porque Él será exaltado en ella? Reconozca esa debilidad. Dele gracias a Él por ella. Pídale de su fuerza y su gracia y crea que las recibirá.

- ☐ ¿Está intentando justificarse ante Dios por medio de sus obras? Reconozca que sus obras no le pueden justificar ante Dios. Pídale que le perdone y le limpie de toda maldad.

- ☐ ¿Está usted luchando por vivir la vida cristiana en sus propias fuerzas? Hacer la siguiente oración le ayudará a reconocer su debilidad y a abrirse al poder de Dios.

Señor, reconozco que no puedo justificarme ante ti por mis obras. Reconozco que soy débil e indefenso en mi fuerza. Acepto tu fuerza y tu gracia para que me den poder para vivir para ti. Acepto como propia la justicia de Cristo y te alabo, Dios, por cambiar mi pecado y debilidad por la justicia y el poder de Jesús.

Seis

OLVIDE EL PASADO

En la clave número 5, aprendimos que, una vez que Pablo dejó de confiar en sus propias obras, pudo olvidar el pasado, con sus fracasos y desilusiones, y seguir adelante en una relación creciente con Jesucristo. Si queremos encontrar verdadero contentamiento, tenemos que hacer lo mismo. Pero ¿cómo olvidamos el pasado? ¿Cómo seguimos adelante con Jesucristo? Este capítulo nos ayudará a descubrir cómo podemos desmantelar los obstáculos que hay en el camino y comenzar a avanzar en nuestro andar cristiano.

Una mirada de cerca al problema

Imagínese estas situaciones:

Antes de hacerse cristiana, María se acostó con muchos hombres. Ahora, ha conocido a un hombre cristiano que la ama de verdad y quiere casarse con ella. Pero el sentimiento de culpa por sus relaciones antiguas no le permite decirle sí a este joven. ¿Cómo puede María ser libre de ese sentimiento de culpa?

Paula, una mujer mayor, ha hecho que muchos de sus amigos se alejen de Dios por tener un espíritu sumamente crítico. Pero, en vez de ir donde estas personas y pedirle perdón, se excusa a sí misma diciendo: «Bueno, todos tenemos defectos».

Tomás, el marido de Cristina, tiende a posponer las cosas. «Yo me encargo de eso mañana» dice, pero mañana llega, y él no lo hace. En vez de hablar con su esposo acerca de cómo se siente, Cristina deja que el resentimiento crezca en su interior. El resentimiento se convierte en enojo, y el enojo, en amargura. Cristina ahora desea nunca haberse casado con Tomás.

Cada una de estas mujeres se está enfrentando a un obstáculo que le impide crecer en su relación con Jesucristo. La raíz de estos tres obstáculos está en el pasado. El objetivo de esta lección es ayudarnos a tratar los siguientes puntos críticos:

- Sentimientos de culpabilidad por pecados y fracasos pasados;
- Rehusar ir donde una persona a la que hemos herido y pedir perdón;
- Enojo sin resolver.

1. Piense en las siguientes preguntas:

¿Qué efecto tiene mi pasado sobre mí?

¿Con qué cosas de mi pasado debo estar dispuesto a tratar y olvidar?

¿Qué pasa si sigo recreándome en el pasado?

Una mirada de cerca a la verdad de Dios

2. Lea Filipenses 3.7-17. ¿Qué deseaba Pablo para su vida?

   ¿Cuál era su meta final?

   ¿Sentía Pablo que había alcanzado la perfección?

La palabra griega que se traduce como «perfecto» es una palabra que significa «completo o terminado». Pablo estaba diciendo que él no era un cristiano totalmente completo y terminado. En Cristo, tenía la justicia de Jesús, pero, como ser humano, aún tenía cosas que necesitaban que Dios las puliera.

   ¿Qué dijo Pablo que estaba haciendo porque no había alcanzado aún la perfección (v. 12)?

   ¿Por qué razón?

Olvide el pasado

Lea los versículos 12-14 en diferentes versiones. ¿Qué cree usted que Pablo quiso decir cuando dijo «por ver si logro asir aquello para lo cual fui también asido por Cristo Jesús»?

¿Cómo fue asido Pablo por Jesús?

Pablo se refería a una carrera atlética griega. Los atletas corrían con un objetivo en mente: ganar la carrera. En lugar de un cordón en la línea de meta, como en las carreras de ahora, había un poste. El atleta que llegaba primero al poste lo agarraba, ganando así el premio. De la misma forma, Pablo avanzaba hacia su meta. Quería asir el premio: la resurrección a un cuerpo nuevo, glorificado y sin pecado, que viviría eternamente con Jesús.

Cuando Pablo habla de ser asido por Cristo, él está diciendo que Jesús llegó hasta él y lo tomó para que él pudiera asir la resurrección que está disponible por medio de Jesús.

3. ¿Cuál era el objetivo de Pablo (vea vv. 13,14)?

¿Qué dos cosas eran necesarias para que alcanzara su objetivo?

¿Por qué cree usted que era necesario que Pablo olvidara el pasado para proseguir «a la meta, al premio del supremo llamamiento de Dios»?

Según Hechos 26.9-11, ¿qué cosas tenía que olvidar Pablo?

¿Cómo se habría afectado el ministerio de Pablo si se hubiera seguido recreando en esas cosas?

EL PROBLEMA DE LA CULPA NO RESUELTA

Los sentimientos de culpa por fracasos pasados, a menudo, mantienen al cristiano mirando hacia atras. Lamentablemente, cuando alguien se concentra en los fracasos pasados, esa persona está más propensa a repetirlos. Temerle a más fracasos y sentir que no es lo bastante buena para servir a Dios estorban el crecimiento y el ministerio de la persona.

4. Lea Salmos 32.3,4. Haga una lista de los resultados de los sentimientos de culpa que ve en estos versículos.

Estos versículos en los Salmos muestran el efecto devastador que tienen los sentimientos de culpa en el cristiano. Antes que una persona siga adelante en Cristo, se debe tratar con el pecado.

Los cristianos debemos darnos cuenta de que una de las armas más efectivas que tiene Satanás contra nosotros es el sentimiento de culpa. Nos hace recordar nuestros fracasos pasados e intenta engañarnos para que creamos que Dios no puede o no va a perdonarnos por ese pecado tan terrible. Al igual que Satanás fue vencido, en Apocalipsis 12.10,11, por la sangre del Cordero y el testimonio de los santos, nosotros podemos vencer los ataques de Satanás usando las armas de Dios. Tenemos que reclamar el perdón que es nuestro por la muerte de Jesús (vea 1 Juan 1.8-10).

PEDIR PERDÓN

A veces, encontramos que es difícil dejar el pasado atrás porque no he-

mos obedecido el mandato de Cristo de ir a la persona que hemos herido y pedirle perdón.

5. Lea Mateo 5.23,24. ¿Qué nos manda a hacer Jesús?

¿Por qué cree usted que Dios ordenó esto?

¿Cómo eso afectará nuestra relación con Él?

¿Alguna vez le ha pedido a alguien que lo perdone? ¿Cómo afectó eso su relación con Dios?

¿Con la otra persona?

¿Cómo se sintió antes y después?

En algunos casos, pedir perdón significa hacer un restablecimiento. A
menudo, hacer esto es muy difícil, pero la liberación del sentimiento
de culpa y el amor que Dios nos da por la otra persona es muy grande.
A veces, nosotros somos culpables solamente en parte, pero, aún así,
tenemos que pedir perdón por esa parte, sin importar lo pequeña que
sea. Si no hacemos esto, cada vez que veamos a esa persona o escuche-

mos su nombre, nos acordaremos de la culpa y de la herida. No podremos olvidar el pasado y avanzar en Cristo.

6. Lea Salmo 32.1-7. ¿Cuáles son los resultados del perdón?

CÓMO TRATAR CON EL ENOJO NO RESUELTO

Otra área que, a menudo, hay que tratar para poder olvidar el pasado es el enojo. Enojarnos por algo que nos ha sucedido a nosotros o a aquellos que amamos puede dar como resultado amargura, odio y resentimiento. Muchos cristianos piensan que enojarse es pecado y niegan su enojo. Esto puede tener resultados devastadores en nuestro cuerpo y en nuestra relación con otros. El enojo en sí no es pecado. Incluso Jesús se enojó, pero la forma en que tratamos con el enojo puede ser pecado. Si acumulamos nuestro enojo dentro y fingimos que no está ahí, no podremos olvidar el pasado y avanzar en Cristo.

7. Lea Mateo 18.15-17 en varias versiones. ¿Quién es la primera persona con la que debería hablar si alguien peca contra usted?

¿Cuál será el resultado si esa persona escucha?

¿Por qué cree usted que Jesús nos mandó a ir primero en privado a la persona que ha pecado contra nosotros?

Debemos tener cuidado que, mientras expresemos nuestro enojo, no involucremos a una persona que no tiene nada que ver con el asunto y la dejemos cargando con la ira. Cuando les contamos a otros cómo alguien nos ha maltratado, la persona que escucha, con frecuencia, se enoja también. Luego de que nosotros hayamos trabajado con nuestro enojo, esa otra persona puede mantenerse enojada y sin poder perdonar. El plan de Jesús es que nosotros vayamos directamente a la persona con la que estamos enojados. Si tenemos miedo de que nuestro enojo pueda explotar, necesitamos estar a solas con Dios y contarle en voz alta todas las heridas y el enojo que estamos sintiendo. Escribir esas emociones de enojo que estamos experimentando antes de hablar, también, ayudará a liberar parte de la tensión.

Antes de ir donde alguien, tenemos que orar seriamente, pidiéndole a Dios que nos dé su amor por esa persona y pidiéndole su dirección mientras hablamos. También tenemos que pedirle a Dios que nos revele en qué tenemos parte de la culpa. Si hay alguna, tenemos que pedirle perdón a esa persona antes de expresarle nuestros sentimientos de enojo. Entonces, luego de expresar esos sentimientos, tenemos que estar preparados para perdonar.

8. Lea Mateo 18.21,22. ¿Qué enseñó Jesús sobre el perdón?

¿Qué se tiene que hacer luego de que hayamos dejado el pasado atrás (vea Filipenses 3.13,14)?

¿Por qué es importante proseguir hacia adelante?

¿De qué formas cree que esto se puede lograr?

9. Lea 1 Pedro 2.2. ¿Qué debemos desear?

   ¿Cuál será el resultado?

10. Lea 2 Pedro 1.5-11 en diferentes versiones. ¿Qué cualidades se les anima a cultivar a los cristianos?

    ¿Cuánto esfuerzo se debe invertir en cultivar estas cualidades?

    ¿Qué resultados veremos?

    ¿Qué palabras del versículo 8 indican una relación creciente con Dios?

    ¿Por qué cree usted que es importante tener abundancia de esas cualidades?

    En el versículo 10, ¿qué nos pide Pedro que hagamos?

¿Qué le promete Dios a alguien que está creciendo y practicando su cristianismo (vv. 10,11)?

Una mirada de cerca a mi propio corazón

En 2 Pedro 1.5-11, se le alienta a examinar su vida para asegurarse de que usted le pertenece a Dios. ¿Qué le está diciendo Dios a usted?

Una característica de un verdadero hijo de Dios es el deseo de crecer y ser fructífero en el Reino de Dios. Cuando estamos en una relación creciente y fructífera con Dios, no estaremos tropezando constantemente. Por el contrario, el cristiano que no está creciendo, usualmente, va en retroceso y está expuesto a numerosos ataques de Satanás. El cristiano inmaduro, a menudo, tropieza y, probablemente, es una de las creaciones de Dios más descontenta.

11. Lea 2 Corintios 4.16. ¿Qué dice Pablo sobre su hombre interior?

¿Cómo cree usted que su hombre interior estaba siendo renovado?

¿Cree usted que es importante que estaba siendo renovado cada día? ¿Por qué sí o por qué no?

12. Lea Filipenses 1.6. ¿Qué busca hacer Dios en la vida de usted?

¿Cuánto durará ese proceso?

El deseo de Dios es perfeccionar (completar) a cada uno de nosotros. ¿De qué manera está usted limitando la obra de Dios para perfeccionar su vida?

¿Cómo afecta esto a su gozo y contentamiento?

¿Qué tiene que hacer para permitirle a Dios hacer su obra de perfeccionar en la vida de usted?

Si Pablo no hubiera sido un cristiano en crecimiento, nunca habría encontrado contentamiento en Cristo. Lo mismo es cierto hoy. El cristiano que no está creciendo no está contento. Si nuestro deseo es avanzar en Cristo hasta nuestro potencial máximo, es fundamental que pasemos tiempo con Dios y su Palabra. Las Escrituras son nuestro alimento espiritual, y, sin ellas, seremos cristianos débiles, ineficientes y descontentos.

Al igual que necesitamos las Escrituras, también necesitamos la ayuda y el aliento de otros creyentes. No somos lo suficientemente fuertes para luchar solos contra los ataques de Satanás. Necesitamos la fuerza de la Palabra de Dios y el apoyo del pueblo de Dios (vea Hebreos 10.24,25).

A veces, los cristianos sienten que son bastante fuertes en el Señor y que no necesitan el apoyo de otros cristianos. Ese es uno de los engaños de Satanás. Dios nos manda a estimularnos unos a otros a amar y a hacer buenas obras y a alentarnos unos a otros. No podemos hacer eso si no nos estamos congregando. No podemos ayudar a llevar sus cargas, ni ellos pueden llevar las nuestras (vea Gálatas 6.2). Necesitamos otros creyentes que nos ayuden a crecer en el Señor.

Pasos de acción que puedo dar hoy

13. De los siguientes pasos de acción, elija el que más se asemeje a su necesidad espiritual actual:

a. Si usted tiene sentimientos de culpa debido a pecados pasados, lea Romanos 8.1 y Colosenses 1.21,22. ¿Qué dicen estos versículos acerca de los que están en Cristo Jesús?

¿Cómo estos versículos le hacen sentir acerca de usted mismo?

Haga suyo uno de los versículos, ya sea memorizándolo o expresándolo con sus propias palabras.

b. ¿Hay alguien a quien usted tenga que pedirle perdón? Si hay alguien, vaya a Dios en oración. Pídale que le dé sabiduría, perspectiva y valor. También pídale a un amigo cristiano que ore por usted y con usted. Pídale que lo responsabilice para hacer lo que usted sabe que Dios le está llamando a hacer.

c.   ¿Hay enojo en su vida que aún no ha resuelto? Relea la sección «Cómo tratar con el enojo no resuelto». En oración, considere cómo Dios quiere que usted trate con ese enojo en específico. Entonces, pídale a un amigo cristiano que sea su compañero de oración, en tanto que usted actúa según el Señor le revela que lo haga.

d.   ¿Desea usted crecer en el Señor? Si es así, decida tener por costumbre reunirse regularmente con otros creyentes y pase tiempo diariamente en la Palabra de Dios. Pídale a Dios que le dé un compañero que le anime en estas áreas con regularidad; alguien a quien usted también pueda animar de la misma manera.

Siete

OBEDEZCA A DIOS

Cuando Dios le habló, Pablo obedeció inmediatamente. Una de las razones por las que pudo hacerlo fue porque tenía los ojos puestos en las recompensas eternas. Él buscaba hacer tesoros en el cielo en lugar de en la tierra.

Al estudiar este capítulo, veremos la importancia de obedecer a Dios. También veremos cómo el hecho de buscar una recompensa eternal en vez de posesiones terrenales nos ayudará a encontrar paz y contentamiento en una circunstancia difícil.

Una mirada de cerca al problema

No siempre es fácil obedecer a Dios, pero las cosas nos resultan aún más difíciles cuando elegimos no obedecerle. La desobediencia siempre tiene una etiqueta con su precio. El precio siempre es alto.

1. Lea Filipenses 4.9. ¿Qué les instó Pablo a hacer a los filipenses?

¿Qué se les promete a los que practican esas cosas?

Comparta una experiencia en su vida en la que desobedecer le impidió tener paz con Dios.

También comparta una experiencia en la que obedecer le trajo paz con Dios.

La desobediencia les roba la paz y el contentamiento a muchos cristianos. Si existe alguna desobediencia voluntaria en nuestra vida, no podemos experimentar paz total con Dios. Cuando, a sabiendas, continuamos pecando, se crea una barrera entre nosotros y Dios (y, finalmente, castigo si no nos arrepentimos). Dudamos ir ante su presencia porque sabemos que el pecado está ahí, y los sentimientos de culpa nos roban nuestro gozo en el Señor.

Una de las consecuencias de seguir desobedeciendo es el sentimiento de culpa que no desaparece. En la clave 6, vimos cómo quitar ese sentimiento de culpa debido a experiencias pasadas, pero, si seguimos pecando, seguiremos experimentando la culpa. Ese sentimiento de culpa nos impedirá encontrar gozo y paz con Dios. Tenemos que arrepentirnos de ese pecado para encontrar paz. Esto significa que nosotros, mediante el poder de Dios en nosotros, dejamos de pecar.

Significa que desarrollamos un estilo de vida de obediencia a Jesucristo.

Una mirada de cerca a la verdad de Dios

Una de las cosas más importantes que podemos aprender del apóstol Pablo es la obediencia. Su foco estaba en Jesús, y, por eso, podía exhortarles a los filipenses a que le observaran e hicieran las cosas que él hacía.

2. Lea Hechos 16.9,10. ¿Qué dirección recibió Pablo de Dios en estos versículos?

   ¿Cuánto tiempo le tomó a Pablo obedecer?

3. Lea Hechos 26.16-19. ¿Cuál fue la respuesta de Pablo a la visión de Dios?

   ¿Qué le dice este pasaje de Hechos sobre la relación de Pablo con Dios?

4. Lea Filipenses 3.12-18. ¿Qué actitud fomenta Pablo en aquellos que quieren crecer en el Señor?

   ¿Cómo ayudaría esa actitud a una persona rumbo a la perfección o madurez?

¿Qué aconsejaba Pablo (vea v. 16)?

¿A qué nos anima el versículo 17?

¿Qué advirtió Pablo en el versículo 18?

¿Cómo se aplican los versículos 17 y 18 a nuestra vida hoy?

¿Qué responsabilidades tenemos ante los que nos podrían estar observando y siguiendo nuestro ejemplo?

5. Lea Filipenses 2.12-16. ¿Qué papel desempeña la obediencia en la ocupación en nuestra salvación?

¿Qué dijo Pablo que los filipenses habían hecho antes?

¿Qué les animó a que continuaran?

Cuando Pablo dijo «ocupaos en vuestra salvación» (Filipenses 2.12), no quiso decir que nos salvamos por nuestras propias obras. Él quiso decir que somos responsables de cooperar en el proceso de nuestra propia santificación. La santificación es el proceso por el que cada vez nos parecemos más a Cristo y en el cual nuestra salvación es perfeccionada. Voluntariamente, nos unimos a Cristo, accedimos a ser transformados por la gracia de Dios y experimentar su eterna presencia. Pero, finalmente, es Dios quien obra en nosotros para hacernos santos, apartados para sus propósitos, de acuerdo a su voluntad (vea Filipenses 2.13).

Dios nos ha invitado a ser salvos y ser hechos santos. Está en nuestras manos tomar la decisión de creer en Jesús y aceptar lo que ha hecho por nosotros (vea Juan 6.27-29). Una vez que hemos recibido a Cristo, tenemos la responsabilidad de trabajar hacia nuestro crecimiento espiritual en Cristo, aceptándolo como Señor de nuestra vida y permitiéndole que tome el control. A menos que estemos dipuestos a obedecer, no creceremos en Él, y no experimentaremos su paz y contentamiento.

6. Lea Filipenses 2.13-16 en diferentes versiones. ¿Qué parte tiene Dios en nuestro crecimiento y obediencia?

Según el versículo 14, ¿qué actitud debemos tener mientras obedecemos?

¿Cuáles son los resultados de obedecer con alegría?

¿Qué papel juega la obediencia en que nosotros seamos «irreprensibles y sencillos»?

¿Cómo nuestra obediencia afecta a otras personas?

7. Lea 1 Pedro 3.1,2. ¿Qué resultado de obedecer se encuentra en estos versículos?

Si queremos ganar a otros para Cristo, nuestra obediencia hacia Él es fundamental. No podemos ser una luz para el mundo y seguir viviendo en pecado. La gente ve la manera en que actuamos, y nuestras acciones pecaminosas niegan nuestras palabras. Además, estaremos reacios a compartir el evangelio porque nos sentimos derrotados, y nuestra paz y contentamiento han desaparecido.

8. Lea Filipenses 1.27,28. ¿A qué instó Pablo?

¿Cómo describiría usted una vida que se vive en una manera digna del evangelio de Cristo?

¿Cuáles serán los resultados?

¿Cómo la obediencia nos ayuda a permanecer firmes en el Señor?

¿Cómo la obediencia une a los creyentes?

Cuando Cristo murió en la cruz, conquistó a Satanás y nos liberó del poder de Satanás. Un creyente no tiene por qué ser esclavo del pecado. Tenemos una alternativa. Pablo les pedía a los filipenses que eligieran vivir una vida de victoria sobre el pecado en lugar de una vida de sumisión al pecado.

9. Lea Romanos 6.1-18 en diferentes versiones. Haga una lista de todos los versículos que nos dicen que no debemos continuar pecando.

Según el versículo 4, ¿cómo deberíamos vivir?

¿Cómo Jesús hizo que esto fuera posible?

¿Cómo debemos pensar de nosotros mismos (vea v. 11)?

¿Qué sucede cuando creemos que el poder de Dios es más grande que el poder del pecado?

Haga una lista de todos los versículos que indican que tenemos una opción de servir a Cristo o al pecado.

¿Cuál es el resultado de nuestra decisión?

Haga una lista de todos los versículos que indican que tenemos poder para impedir que el pecado nos controle.

Una de las razones por las que muchos cristianos viven una vida de derrota e infelicidad es porque no reclamamos el poder de Dios para vencer el pecado. Tratamos de obedecer en nuestras propias fuerzas y fallamos. Volvemos a intentarlo, y volvemos a fallar. Después de un tiempo, no lo intentamos más porque pensamos que no vale la pena luchar. Sin embargo, Dios ha prometido que ninguna tentación es mayor de lo que podemos resistir. Él es fiel para proveer una salida (vea 1 Corintios 10.13).

Nuestra responsabilidad es elegir pedirle su ayuda y tomar la salida que Él provee. Si cada vez que nos enfrentamos a una tentación nos detuviéramos a pedirle a Dios que nos dé de su poder que venció al pecado en la cruz, Él nos daría una salida. A veces, como cristianos, no queremos la voluntad de Dios en nuestra vida y no le pedimos ayuda. Como resultado, seguimos cayendo, víctimas del poder del pecado, y somos personas infelices y descontentas.

10. Lea Juan 15.10,11. ¿Qué les promete Jesús a los que obedecen?

11. Lea Santiago 1.22-27. ¿Cómo se describe a la persona que oye la Palabra, pero no es hacedor de ella?

¿Cómo se describe a la persona que oye la Palabra de Dios y responde en obediencia?

¿Cuál es la religión pura?

Vemos, en estos versículos, que la religión pura, a los ojos de Dios, es una religión que produce acción. Podemos estudiar la Palabra de Dios durante todo el día y pasar mucho tiempo con la gente de Dios, pero, a menos que estemos dispuestos a obedecer a Dios, nuestra religión está vacía, y nos estamos engañando a nosotros mismos.

12. Lea Filipenses 3.17-21. ¿Qué hizo llorar a Pablo?

¿Cómo los describió Pablo?

¿Cómo influyen las metas de nuestra vida en nuestra obediencia a Dios?

¿Cómo pueden los cristianos llegar a ser enemigos de la cruz?

¿Cuál es el foco de Pablo en los versículos 20 y 21?

¿Cómo su foco afectó su estilo de vida (vea v. 17)?

Si queremos obedecer a Dios, tenemos que buscar lo eternal en vez de esforzarnos por las recompensas terrenales. Las personas que Pablo describió como enemigos de la cruz buscaban recompensas terrenales, y, como resultado, sus vidas fallaron en honrar a Dios, y, de hecho, dañaron la causa de Cristo. Por el contrario, el foco de Pablo en las metas eternas lo llevó a vivir una vida ejemplar que otros podían imitar.

13. Lea Colosenses 3.1,2. ¿Qué cosas instaba Pablo a que los colosenses buscaran?

¿Cuál era el foco de atención de Pablo en los siguientes versículos?

Romanos 8.18

2 Corintios 4.16—5.10

Filipenses 1.21-23

Filipenses 3.11

Filipenses 3.14

¿Cómo el foco de Pablo y su meta lo ayudaban a obedecer?

¿Qué efecto tenían en su gozo y contentamiento?

Recuerde la última vez que usted, voluntariamente, escogió desobedecer a Dios. ¿Cuál era su foco en ese momento?

¿Qué ocurrió con su gozo y contentamiento?

Muchas personas invierten todas sus energías en buscar y cuidar tesoros terrenales. Trabajamos muy duro para tener posesiones materiales y no nos preocupamos de acumular tesoros en el cielo. No tenemos el tiempo o la energía para trabajar en tener una relación verdadera con Dios o para ayudar a que otros conozcan al Señor. No tenemos el tiempo y la energía para educar a nuestros hijos en el Señor ni para enseñarles a orar. No tenemos suficiente dinero para darle al Señor; estamos demasiado ocupados pagando y cuidando nuestras posesiones materiales. Pero las posesiones materiales nunca nos darán gozo o contentamiento duraderos (ver Mateo 16.26).

Una mirada de cerca a mi propio corazón

Una razón por la que Pablo encontró contentamiento fue porque él buscaba tesoros celestiales. Las cosas de esta tierra no eran importantes para él. Estar en la cárcel no le distraía de su meta. Tener hambre no cambió su foco. De la misma manera, si nosotros deseamos el contentamiento de Dios, tenemos que quitar nuestro foco y nuestros deseos de cosas terrenales y enfocarnos hacia metas espirituales.

Jesús enfatizó la diferencia entre lo espiritual y lo terrenal cuando instruyó a sus seguidores a hacer «tesoros en el cielo» en lugar de «tesoros en la tierra».

14. Lea Mateo 6.19-21. ¿Cómo puede usted hacer tesoros en el cielo?

    ¿Qué papel desempeña la obediencia en el hecho de hacer tesoros en el cielo?

    ¿Cómo cree usted que hacer tesoros en el cielo afectará su gozo y contentamiento?

Pasos de acción que puedo dar hoy

15. Escriba una meta espiritual que le gustaría que fuera su foco este año. Comparta su meta con un amigo cristiano. Quizás, incluso, deseen unirse y pensar en ideas prácticas que le ayuden a alcanzar esa meta.

16. Filipenses 4.13 afirma que usted todo lo puede en Cristo que lo
fortalece. Reescriba este versículo para reclamar victoria sobre el
pecado que usted desea superar. Cada vez que sea tentado, recla-
me esa victoria y pídale a Dios de su poder para superarlo. Dios no
le fallará.

Ocho

Establezca prioridades adecuadas

———❖———

En el capítulo anterior, aprendimos la importancia de mantener nuestro foco en Jesucristo. También aprendimos la importancia de fijarnos metas espirituales. En este capítulo, aprenderemos más sobre establecer prioridades que agraden a Dios y que traigan como resultado el gozo que viene de dar y recibir amor.

Como Pablo buscaba metas espirituales, tenía las prioridades adecuadas de la vida. Para tener gozo y contentamiento en Cristo, nosotros también necesitamos ordenar nuestras prioridades. Si agradar a Dios es nuestra prioridad número uno, alcanzaremos a otros con el amor y la generosidad de Cristo.

Una mirada de cerca al problema

AFERRADOS A NUESTROS DERECHOS

Esta lección nos muestra que una característica importante de la vida de Pablo, que lo llevó a alcanzar contentamiento, fue que siguió el ejemplo de humildad y generosidad de Jesús. Pablo no buscaba hacer prosperar su propia causa. Más bien, se dio a sí mismo voluntariamente para que otros se beneficiaran. Por haber hecho esto, no sufrió la depresión que puede surgir cuando los deseos personales nos son denegados.

Muchas veces tratamos de asirnos de las cosas que creemos que nos harán felices. Tratamos de aferrarnos a nuestros derechos, nuestras necesidades, nuestros deseos, y terminamos siendo infelices. Jesús renunció voluntariamente a su posición de ser igual a Dios para llenar nuestras necesidades. Como resultado, Dios ha exaltado su nombre por encima de todo nombre y le ha dado gran honra.

Cuando renunciemos a nuestros derechos y deseos y pongamos en primer lugar las necesidades de otros, sentiremos un gozo y una satisfacción que nunca obtendríamos al asirnos de nuestros derechos. Cuando pongamos a otros primero, Dios nos exaltará y nos dará su paz y contentamiento.

Una mirada de cerca a la verdad de Dios

1. Lea Filipenses 1.20-22. ¿Qué deseaba lograr Pablo con su vida?

¿Qué cree que quería decir Pablo cuando dijo: «Para mí el vivir es Cristo»?

2. Lea 2 Corintios 5.9 ¿Cuál era la meta de Pablo?

¿Cómo cree que esa meta de Pablo afectaba su relación con otras personas?

¿Cómo cree usted que afectaba su paz y contentamiento?

Estos versículos demuestran que la meta de Pablo era honrar a Cristo y ser agradable a Él. Él deseaba vivir de manera que nunca avergonzara a Cristo. Como su meta era honrar a Cristo, las *circunstancias* no podían impedir que la alcanzara. Estar en la cárcel, pasar hambre o frío, las otras personas y sus opiniones no le impedían honrar a Cristo y agradarle. Esto quedaba bajo *su* control. De la misma forma, nosotros decidimos dónde establecemos nuestras prioridades. Si nuestra prioridad mayor es agradar a Dios, ninguna influencia externa nos alejará de esa meta.

3. Lea Filipenses 2.1-11. Compare la meta de la vida de Jesús con la meta de Pablo. ¿En qué se parecen?

¿Qué era necesario en la vida de Jesús para que Él pudiera alcanzar su meta?

Haga una lista de todas las frases que muestran quién era Jesús y qué se hizo por nosotros (vea vv. 5-8).

¿Cómo se relaciona el versículo 4 con lo que se convirtió Jesús?

¿Qué hizo Jesús al convertirse en hombre (vea v. 7)?

Establezca prioridades adecuadas

¿A qué podría haberse aferrado en cambio (vea v. 6)?

¿Cómo cree usted que Jesús se «despojó a sí mismo» (v. 7)?

¿Qué indicación tenemos de que Jesús pudo elegir en este asunto?

Elegir la humildad y la generosidad es algo que va contra nuestra naturaleza humana. Queremos sentirnos importantes y tener todas nuestras necesidades satisfechas, pero Jesús hizo justo lo contrario. Él se despojó a sí mismo al renunciar a sus derechos humanos y divinos.

¿Cómo definió Pablo la generosidad (vea v. 4)?

¿Cómo definió Pablo la humildad (vea v. 3)?

¿Cuál fue el resultado de la generosidad y humildad de Jesús por nosotros?

¿Qué resultado había para Él (vea vv. 9-11)?

¿Cómo la generosidad afecta nuestro aprendizaje de estar contentos?

¿Qué efecto tiene la humildad?

¿Cómo afectaría su vida seguir el ejemplo de humildad y generosidad de Jesús?

¿Qué cambios resultarían?

¿Qué diferencia haría en la vida de los que le rodean a usted?

Pablo sabía que los cristianos viviendo juntos en armonía tenían el poder de impactar al mundo. Por lo tanto, alentó a los filipenses a que fueran de un mismo sentir y tuvieran el mismo amor (v. 2).

¿Qué demostraría una iglesia unida (vea v. 1)?

¿Cómo las instrucciones de Pablo en los versículos 3 y 4 se relacionan a una iglesia unida?

4. Lea Filipenses 4.1-5. Señale frases que muestran el amor de Pablo por los filipenses.

¿Qué instrucciones dio (vea v. 1)?

¿Qué les instó a hacer a Evodia y a Síntique?

¿Qué les instó a hacer por Evodia y Síntique al resto de los filipenses?

¿Qué habían hecho esas dos mujeres en el pasado?

¿Qué anima a hacer a todos en el versículo 5?

¿Cómo las instrucciones del versículo 5 le ayudarían a vivir en armonía?

El Cuerpo de Cristo corre peligro cuando, incluso, dos miembros no están viviendo en armonía. Una iglesia dividida puede comenzar con solamente dos personas que estén en desacuerdo; en poco tiempo, hay una división fea. Pablo alentó a estas dos mujeres a tener un espíritu manso y paciente que les permitiría perdonar y continuar amando aun después de haber sido heridas.

Una iglesia dividida no puede avanzar. Los no creyentes, relacionando los altercados y la falta de amor con Cristo, no quieren tener parte en la iglesia o en su Salvador. La falta de contentamiento será evidente para los creyentes también. A los cristianos se les hará difícil adorar porque existe una tensión que hace difícil sentir la presencia de Dios. El contentamiento y el gozo desaparecen.

5. Lea Filipenses 1.7-11. ¿Cómo expresó Pablo su amor por los filipenses en estos versículos?

¿Qué clase de amor sentía por ellos?

¿Qué cree usted que quiso decir con el entrañable amor de Jesucristo?

¿En qué se diferencia el amor de Cristo del amor natural?

¿Cuál era la oración de Pablo por los filipenses?

¿Por qué el amor tiene que estar lleno de ciencia y conocimiento?

¿Se puede amar a alguien de forma que no sea beneficioso para esa persona? ¿Puede dar un ejemplo?

¿Qué resultados en la vida del cristiano provienen del amor con ciencia y conocimiento?

¿Cómo el amor con ciencia y conocimiento nos ayuda a aprobar «lo mejor» (vea v. 10)?

¿Cuál será el resultado para Dios?

¿Quién es la fuente de estos frutos?

En estos versículos, Pablo expresó su amor por los filipenses. Como habían trabajado juntos y compartido en sus alegrías y tristezas, él había llegado a amarlos profundamente. De la misma forma, cuando compartamos nuestras heridas, nuestros gozos y nuestros ministerios, llegaremos a amar profundamente a aquellos que se convierten en nuestros compañeros.

Pablo también expresó la necesidad de amor verdadero que tenían. Jesús demostró su amor con una actitud de siervo y con humildad, y eso es lo que necesitamos. Pero hay veces en las que el amor de Cristo también dice no.

Tenemos que tener cuidado cómo amamos. A veces, nuestro amor puede ser codicioso, sofocante, demasiado protector o permisivo. Tenemos que pedirle a Dios ciencia y conocimiento para que nuestro amor sea beneficioso para nosotros, para la persona que amamos y para el Reino de Dios.

6. Lea Juan 15.9-13. ¿Qué promete Jesús (vea v. 10)?

¿Cuál era la condición de la promesa?

¿Por qué Jesús les dijo estas cosas a ellos (vea v. 11)?

¿Qué mandato dio en el versículo 12?

¿Qué relación hay entre el mandato del versículo 12 y las promesas de los versículos 10 y 11?

¿Qué papel desempeña amar a otros en el hecho de que experimentemos gozo?

¿Qué ejemplo de amor grande dio Jesús (vea v. 13)?

¿Qué prueba tenemos de que Jesús nos ama?

¿Cómo una persona ama como Jesús amó?

¿Qué diferencia haría en la vida de los que nos rodean que los amáramos con la clase de amor de Jesús?

¿Cómo se relacionan los versículos 12 y 13 a las palabras de Pablo en Filipenses 2.3,4?

7. Lea Juan 15.14-17. ¿Cuáles son los resultados de obedecer los mandatos de Jesús?

¿Qué mandato volvió a enfatizar Jesús en el versículo 17?

Mientras Jesús enseñó a sus discípulos a amarse unos a otros, les dio claves para el gozo y el contentamiento. (Vea Juan 15.11). Una de estas claves, en los versículos 14 hasta el 17, es la obediencia.

Los discípulos no podían experimentar la relación profunda de un amigo sin ser obedientes. Mientras Jesús les dio las condiciones de la obediencia, también les dio el mandato de amarse unos a otros. Mientras obedecieran, sentirían una cercanía especial con Dios y los otros creyentes. Darían fruto abundante, y sus oraciones serían contestadas. De ahí, resultaría el gozo y el contentamiento.

Jesús enseñó a sus discípulos a amarse de la misma forma que Él los había amado. Esto implica un amor generoso que ponga los intereses de otros por encima de los intereses propios. Una de las necesidades más básicas en la vida es ser amado y que otros expresen su amor por nosotros. Si alcanzamos a otros con el amor de Cristo, esa necesidad será satisfecha. Experimentaremos el gozo que proviene de ser amado.

8. Lea Juan 17.20-23. Haga una lista de todas las frases de estos versículos que indican el deseo de Jesús de que sus discípulos estuvieran unidos en amor.

¿Cuál sería el resultado para el mundo (vv. 21, 23)?

¿Qué papel desempeña en el perfeccionamiento de un cristiano el dar y recibir amor?

Explique en sus propias palabras por qué es tan importante amar a Dios y a los demás.

Una mirada de cerca a mi propio corazón

Al derramar Jesús su corazón ante el Padre en oración, una vez más, recalca la urgencia de amarnos unos a otros. Cuando los cristianos se aman con sinceridad, los no creyentes reconocen la diferencia. Si los cristianos amaran como Jesús deseaba, nada podría mantener al mundo alejado. Un amor genuino como el de Cristo hace que el incrédulo desee lo que el cristiano tiene.

Cuando los cristianos se aman de verdad, los creyentes también se benefician en gran manera. Nos preocupamos por los demás. Ayudamos a los demás y, como resultado, nos alentamos unos a otros al mayor nivel de madurez posible.

9. Lea Hebreos 10.24,25. ¿Qué se nos manda a hacer?

¿Cuáles son algunas de las formas en las que otros creyentes han estimulado el amor de usted hacia otros?

¿Qué puede hacer usted que estimulará amor en otros? Sea práctico y específico.

10. Lea 1 Corintios 13.4-7. ¿Cómo se describe el amor en este pasaje tan conocido?

A veces puede ser humanamente imposible amar a alguien que nos ha herido a nosotros o a nuestros seres queridos. En esos casos, tenemos que ser sinceros con Dios y decirle exactamente cómo nos sentimos. Después, tenemos que pedirle a Dios que nos llene con *su* amor por esa persona.

Es importante no confundir sentimientos de amor y las acciones de amor descritas en 1 Corintios 13.4-7 y 1 Juan 3.17,18. Dios nos manda a actuar en amor. Al obedecer sus mandatos, los sentimientos de amor vendrán. Al estimular a otros a amar, el amor de Dios crecerá en nuestros corazones.

Pasos de acción que puedo dar hoy

11. ¿Hay alguien a quien a usted le resulte difícil amar? Memorice 1 Corintios 13.4-7 y pídale a Dios que le dé esta clase de amor. Parafrasear estas verdades en una oración por esa persona transformará sus emociones y sus acciones más todavía. Usted sentirá el amor de Dios en toda su plenitud.

12. Repase las cosas que Pablo quería lograr con su vida leyendo Filipenses 1.20,21 en varias versiones y escribiendo con sus propias palabras lo que Pablo estaba diciendo. ¿Cómo se comparan las prioridades de Pablo con las suyas?

    ¿Cómo su mañana será diferente a causa de las prioridades que usted está eligiendo hoy?

Nueve

Desarrolle su Ministerio

En la lección anterior, vimos que la meta de Pablo en la vida era ser agradable a Cristo. Quería honrar y exaltar a Jesús en todo lo que hacía, y, por esto, su trato con la gente era agradable a Dios. Pablo alcanzó a otros en humildad con un amor como el de Cristo. Al dar amor libremente, recibió el gozo de ser amado a cambio.

Uno de los resultados del amor de Pablo por los otros fue un deseo de ministrarles. Al servirle a otros, experimentó un sentimiento de mérito y logro. En esta lección, veremos la importancia de que cada cristiano tenga un ministerio.

También veremos algunos de los diferentes tipos de ministerio que son importantes para el Cuerpo de Cristo hoy. En este último capítulo, haremos énfasis especial en los ministerios de exhortación, generosidad, pacificación y oración para encontrar contentamiento. También veremos cómo descubrir y desarrollar los dones espirituales en nuestra vida nos trae gozo y satisfacción.

Una mirada de cerca al problema

DISPUESTOS A SERVIR

Pablo quería estar con el Señor, pero su amor por los filipenses y su deseo de ayudarlos a crecer predominaban sobre su anhelo. Sabía que lo necesitaban en la tierra y que su ministerio obtendría resultados. No le asustaba el trabajo, ni esperaba que otros le sirvieran. Lo que esperaba y deseaba para la vida era una labor fructífera.

Hoy día, hay gente que ve a la iglesia como algo que está para servirlos y satisfacer sus necesidades. Sin embargo, una de nuestras necesidades básicas es ser necesitados y ser útiles a los demás. Esta necesidad solamente se satisface si estamos dispuestos a servir y a ministrar a otros. Al contrario de lo que suele pensarse, el ocio no trae gozo y contentamiento. La labor fructífera los trae.

Una mirada de cerca a la verdad de Dios

1. Lea Filipenses 1.12-18. ¿Qué evidencia vemos del ministerio de Pablo, incluso en la cárcel?

   ¿Qué motivos para ministrar señaló Pablo?

   ¿Qué motivos son nobles?

   ¿Cuál fue la reacción de Pablo hacia el ministerio motivado incorrectamente?

¿Por qué cree usted que Pablo se pudo regocijar aun cuando algunos estaban ministrando por motivos erróneos?

2. Lea Romanos 1.15-17. ¿Cuál era el deseo de Pablo?

¿Por qué deseaba ministrar en esta forma?

¿Qué nos indican los versículos 16 y 17 sobre el poder del evangelio?

¿Qué relación hay entre estos versículos en Romanos y la habilidad de Pablo para regocijarse aun cuando había quien predicaba por motivos erróneos?

¿Qué nos revelan sobre el ministerio de Pablo y su sentir sobre ese ministerio?

En estos versículos, podemos ver que Pablo tenía el ministerio de predicar el evangelio de Jesucristo. Él se podía regocijar cuando otros predicaban, incluso por motivos erróneos, porque sabía del gran poder del evangelio. El evangelio cambiaba vidas, y Pablo sabía que, al escucharlo, la gente se sentiría atraída al Señor en una relación de fe.

EL MINISTERIO DE LA EXHORTACIÓN

3. Lea Filipenses 1.21-26. ¿Qué dos deseos expresó Pablo?

¿Qué razones dio para desear seguir vivo?

¿Qué nos revelan estos versículos sobre el amor y la generosidad de Pablo?

¿Por qué son importantes estas virtudes si queremos ministrar a otros?

4. Lea Filipenses 2.19-24. ¿Cómo describió Pablo a Timoteo?

¿Cómo se diferenció Timoteo de los otros que mencionó Pablo?

¿Cómo Timoteo probó sus méritos?

¿Qué frase muestra la humildad de Timoteo?

¿Por qué es importante que la gente ministre con los motivos correctos?

¿Por qué los motivos correctos son importantes para encontrar contentamiento y paz?

La mayoría de los cristianos desean un ministerio. Queremos ser útiles, pero, a menudo, nuestros motivos no son puros. Queremos las tareas que nos traen reconocimiento y honor y tendemos a alejarnos de las que no traen gloria. Preferimos ser un alto líder a estar en el comité de limpieza o cuidando los niños. Por el contrario, Timoteo servía junto a Pablo como un niño humilde sirviendo a su padre. Estaba dispuesto a tomar la humilde posición de siervo, y, por ser así, Dios lo pudo usar y le dio un ministerio eficaz.

5. Lea Filipenses 2.25-30. ¿Cómo se describe a Epafrodito?

¿Qué palabras muestran el amor de Epafrodito por los filipenses?

¿Qué emoción esperaba Pablo que experimentaran los filipenses cuando Epafrodito regresara a ellos?

¿Cómo les dijo Pablo que recibieran a Epafrodito y por qué?

¿Qué vio Pablo en la sanación de Epafrodito? ¿Por qué?

¿Por qué piensa usted que Pablo se sintió así ante la posible muerte de Epafrodito?

¿Por qué se sentía diferente con respecto a su propia muerte?

Pablo amaba profundamente a Epafrodito. A pesar de creer firmemente en un más allá mejor con Jesús, Pablo sabía que extañaría mucho a Epafrodito si este moría. Tenemos que reconocer que los cristianos atravesamos situaciones difíciles, y es normal sentirnos tristes cuando experimentamos la pérdida de alguien o una herida profunda. Sin embargo, Dios puede dar y dará paz en medio de esas pruebas y las usará para fortalecernos y engrandecer nuestro ministerio.

Pablo también mandó a los filipenses a tener en alta estima a hombres como Epafrodito. Honrar y respetar a los que hacen el trabajo de Cristo puede ser un ministerio para nosotros y animará y fortalecerá a los que sirven al Señor.

6. Lea Filipenses 4.10-19. ¿En qué forma los filipenses habían ministrado a Pablo?

¿En qué forma les estaba ministrando Pablo a ellos?

¿Cuál era el resultado del ministerio de los filipenses en la vida de Pablo?

¿Cómo describió él el don de ellos?

¿Cómo cree usted que se sintieron los filipenses al ministrarle a Pablo?

¿Cómo se relaciona el versículo 19 con el gozo y el contentamiento?

¿Cree usted que esa promesa se relaciona con la disposición de ellos a ministrar?

EL MINISTERIO DE LA GENEROSIDAD
7. Lea 2 Corintios 9.6-15. ¿Qué nos dice el versículo 6 sobre cómo debemos dar?

¿Cuáles son algunas de las otras cosas que Dios quiere que demos con alegría?

¿Qué nos promete Dios en el versículo 8?

Haga una lista de las promesas en los versículos 10 y 11 y dé una aplicación espiritual para cada uno.

Promesa   **Aplicación**

¿Qué relación hay entre esas promesas y el darnos alegremente?

8. Relea los versículos 6-15. Dar de nosotros mismos generosamente y con alegría trae como resultado abundancia para Dios, una abundancia para el dador y una abundancia para otros. ¿Qué don tiene usted que Dios quiere que lo comparta alegremente con otros?

Las promesas de estos versículos son un ejemplo de la forma en que Dios nos bendecirá cuando, alegremente, demos de nosotros mismos para su Reino y para el servicio de otros. Estas promesas se aplican cada vez que, voluntariamente, demos de nosotros mismos y de nuestros recursos en ministrar de Cristo.

EL MINISTERIO DE LA PACIFICACIÓN

9. Lea Filipenses 4.2,3. ¿A qué ministerio instaba Pablo?

¿Qué dijo Pablo que estas mujeres hicieron en el pasado?

¿Qué palabra utilizó para describir a los que habían ministrado con él?

¿Qué dijo de los que habían trabajado con él?

En estos versículos, Pablo aboga por un ministerio que pocos piensan que es un ministerio. Les instó a los filipenses a ser pacificadores. Jesús vino para hacer posible la paz con Dios y con los otros. De la misma forma, Dios quiere que trabajemos para traer a otros a paz con Él y con los demás.

Incluso, Él prometió una bendición especial para los pacificadores (vea Mateo 5.9).

10. Lea 2 Corintios 5.18-21. Según estos versículos, ¿qué ministerio tenía Pablo?

¿Cuál de los ministerios de Jesús se encuentra en estos versículos?

¿Qué consecuencias para usted se encuentran en esta descripción del ministerio de Jesús?

Hay gente a nuestro alrededor que necesita ayuda para encontrar paz con Dios y paz con otros. Este ministerio debe fomentarse en cada hijo de Dios. Usted puede formar parte de él si le pide a Dios que le muestre personas a las que usted pueda ayudar con el ministerio de la reconciliación. Esto implica una disposición a involucrarse con ellos.

EL MINISTERIO DE LA ORACIÓN

11. Lea Efesios 6.18-20. ¿A quién les instó Pablo a ministrarle mediante la oración? ¿Con qué frecuencia quería que practicaran este ministerio?

La oración es, probablemente, uno de los ministerios más importantes. Vemos que, con frecuencia, Jesús se levantaba a orar cuando aún estaba oscuro. Antes de elegir a los doce apóstoles, se pasó la noche entera en oración. En Getsemaní, pasó horas en oración, reuniendo fuerzas para enfrentarse a la cruz.

De la misma forma, cualquier ministerio efectivo que vayamos a tener debe comenzar con la oración. Muchas veces, orar por las personas es más eficaz que predicarles. Hay algunos ministerios abiertos solamente para unos pocos. La oración está abierta para todos.

DONES ESPIRITUALES

12. Conocer nuestros dones espirituales también nos ayudará a desarrollar nuestros ministerios. Lea 1 Corintios 12. ¿Qué les dijo Pablo a los corintios sobre los dones espirituales en los versículos 4 al 7?

Haga una lista de los dones y ministerios que Pablo menciona en los versículos 8-11, 28.

¿Cómo el ejemplo del cuerpo sirve de ilustración para las verdades que Pablo enseñaba sobre los dones espirituales?

¿Cómo se relacionan los versículos 11-27 con los diferentes dones y ministerios descritos en este capítulo?

¿Qué verdad cree usted que estaba ilustrando Pablo en los versículos 22-24?

¿Cuál será el resultado de aceptar esta verdad?

¿Qué trató de demostrar Pablo en los versículos 29 y 30?

Pablo hacía hincapié en el hecho de que no todos los cristianos van a tener los mismos dones o los mismos ministerios. Dios nos hizo diferentes y, a cada uno de nosotros, nos ha dado dones especiales para diferentes ministerios. Jamás debemos pensar que somos más espirituales que la persona que tiene un don distinto al nuestro.

Dios nos planificó para ser diferentes y para trabajar juntos como un cuerpo. La gente que podemos pensar que es insignificante es muy importante en el plan de Dios. A veces, los dones y ministerios de una persona pasan inadvertidos para los demás, pero Dios los ve, y son esenciales para el funcionamiento de su Cuerpo.

Una mirada de cerca a mi propio corazón

13. Lea 2 Timoteo 3.14-17. ¿Qué lo ayudará a prepararse para el ministerio?

    Según estos versículos, ¿qué harán las Escrituras por usted?

    ¿Cómo influirá el que usted estudie las Escrituras para que sea un ministro más eficaz para Jesucristo?

Con frecuencia, los cristianos quieren un ministerio inmediato y fascinador. Nos frustramos con la iglesia porque no se dan cuenta de nuestro potencial y no nos proveen el espacio para el ministerio que deseamos. Debemos entender que tenemos que desarrollar una relación personal con Jesús antes de que Él nos dé un ministerio. A veces, incluso, Él tiene un ministerio mejor para nosotros que el que nosotros pensamos que queremos. Si sacamos tiempo para desarrollar nuestra relación con Cristo, de forma natural, llegará un ministerio. Este ministerio será productivo para el Cuerpo de Cristo y una fuente de satisfacción para nosotros.

14. Repase esta lección y, luego, complete las siguientes oraciones:

    El propósito de Pablo en la vida era...

El propósito de Timoteo en la vida era...

El propósito de Epafrodito en la vida era...

El propósito de Jesús (vea Mateo 20.25-28) en la vida era...

Mi propósito en la vida es...

15. Preguntas para reflexionar:
    - ¿Buscará desarrollar su relación con Dios para tener así un ministerio eficaz?
    - ¿Qué pasos dará usted para desarrollar esta relación?
    - ¿Pasará tiempo con Él en oración y estudio de la Biblia?
    - ¿Está dispuesto a dar de usted mismo para ministrar a otros alegremente?
    - ¿Está dispuesto a examinar cuidadosamente los dones espirituales y ver qué don tiene usted para compartir con otros?

La forma en que usted responda estas preguntas marcará una diferencia hoy y en la eternidad.

Una oración

Señor:

Quiero que me utilices. Te pido que desarrolles en mí una relación profunda contigo que rebose para bendecir las vidas de otros. Dame el deseo y la disposición de dedicarle el tiempo necesario a desarrollar esa relación. Crea en mí un corazón de siervo que dé alegremente de mí mismo y de mis recursos a ti y a otros. Gracias por el ministerio que estás desarrollando en mí ahora mismo.

Pasos de acción que puedo dar hoy

Al terminar este estudio bíblico, recuerde esto: Jesucristo vino para que usted tuviera vida en abundancia. Él desea que usted experimente paz, gozo y contentamiento, no solamente ahora, sino por la eternidad.

Coloque el siguiente versículo donde usted lo pueda ver. A lo largo del día, regocíjese. Al servirle a Él, cante. Él le ama y hará que todas las cosas obren para su bien.

Porque para mí el vivir es Cristo, y el morir es ganancia (Filipenses 1.21).